ジョジョの奇妙な冒険で英語をもっと学ぶッ!!

CONTENTS

第 1 章
名シーンで英語を学ぶッ!!
03

第 2 章
ジョジョ的感情表現で英語を学ぶッ!!
51

第 3 章
キメゼリフで英語を学ぶッ!!
71

第 4 章
敵の名ゼリフで英語を学ぶッ!!
105

企画・編集
戸澤好彦
（樹想社）

ブックデザイン
堀井菜々子
黒川智美
（GENI A LÖIDE）

カ
村亮太郎
麻衣
内友宏
吉隆治
紫宏
藤健史
晃範
刀恭
卓健二
木優伯

COLUMN

JOJOのトラベル英会話
70
「覚悟」を英語で言うッ!
104

本文は、「ジャンプ・コミックス」版を
としておりますが、一部表記を変えております。
リフ該当部は「ジョジョの奇妙な冒険」は「JC」、
ョジョの奇妙な冒険 PART6 ストーン オーシャン」は「SO」、
ティール・ボール・ラン」は「SBR」と表記しました。

はじめに

マーティ・フリードマン

　「JOJO×英語」シリーズの第2弾に参加できて大変光栄に思います。
　「『ジョジョの奇妙な冒険』で英語を学ぶッ!」が評判良かったので、僕もとても嬉しいです。外国語を学習するには、「興味がある」「知りたいと思う」ことが「宝物の鍵」だと思います。『ジョジョ』のファンにとって身につきやすい理想的な本になってるんじゃないかな。
　そして、『ジョジョ』という作品は、普通の内容と違う、「ディープ」な会話をしているので、人生の深い所について話せる内容だと思います。ぜひ、そんな深い表現を楽しんで読んでください。

北浦尚彦

　「日常会話で使えないッ!」——こんなジョジョ愛に満ちたお約束コメントが多く寄せられた「『ジョジョの奇妙な冒険』で英語を学ぶッ!」に続く第2弾はもっと使えないッ! …わけがないのである。たしかに日常会話において『男の世界』や「ナプキンの法則」などを英語で披露する機会はそうそうないのかもしれない。だがこれらのセリフはどんな英文にも応用できる文法という信用できる固定の上に成り立っていることを忘れてはならない。「JOJO×英語」という提案は決して奇をてらったスタンド攻撃ではないのだ。『ジョジョ』という作品には強いプリンシプル principle がある。プリンシプルとは原理原則、信念・信条であり、そして、それはまた情熱でもある。では読者を英語上達に導く上での本書のプリンシプルとは何か。当然! 「音読」だッ! 全ての英語学習者に受け継ぐジョジョの名言の「音読」ッ! それが流儀ィィッ!
　ともあれ、「JOJO×英語」という並び順のとおり JOJO comes first、プリンシパル principal（主役）がジョジョであることに変わりはない。ジョジョファン同士、本書を使って一方がキャラになりきって原文の日本語セリフを読み上げ、もう一方がそれを英語で言う。そしてこれを交互に繰り返す、というのは理想的な練習方法の一つだが、しっかり楽しみながら英語力アップという Gold Experience（黄金体験）を体感してほしいッ!

★★★★　日本語　★★★★

ジョルノ：タクシーかい？　ねぇ？　タクシーさがしてる？
タクシー？　アルバイトでこれから
帰るだけだから安くしときますよ
市内まで 8000 円でどう？

康一：プ！　高いよ　いえ　けっこうです
タクシー乗り場でちゃんと乗りたいですから

ジョルノ：日本人？　言葉　すごくペラペラですね
いや　すごいなぁ…
イタリア住んでた事あるとか？

康一：え？　それはですねーっ　露伴先生に
しゃべれるようにしてもらっ……
いや…その！　違うんで………あの……
習ったというか

（JC47巻「黄金体験 その①」）

文法解説

👉 英語は教わるものじゃない！
He taught me how to speak Italian.

楽して英語がペラペラになる方法を探すことは天国への扉を追い求めることに等しい。加えるならすでに中学・高校で基本英文法を学んでいる学習者にとって話せるスキルを身につけるために必要なのはさらなる知識の取り込み作業である**学習**でなく、学んだ知識を定着させるための**練習**だ。やるべきことは一つ、ジョジョのセリフを使った**音読・口述練習**だッ！

善と悪の血を継ぐ少年！
JOJO DIO

★★★★ 英語 ★★★★

Giorno: Looking for a taxi? Hey, do you want a taxi? Taxi, sir? I can give you a discount because I was just about to return for my part-time job. How about 8,000 yen to the city center?

Koichi: Mmph! That's too expensive. I'm fine, don't bother. I'd rather take a cab at the taxi stand.

Giorno: Are you Japanese? Wow, you speak very good *Italiano*. That's pretty amazing. Have you ever lived in Italy?

Koichi: Oh, well, it was actually Mr. Rohan who gave me the skill to speak…err… No, I mean, he taught me how to speak Italian.

単語・熟語

give a discount：値引きする
part time job:：アルバイト
pretty：very の代用語

英語における外来語
You speak very good Italiano.

英語でも日常的に使う外来語は多く、たとえば移民の多いアメリカではスペイン語（例：**amigo** 友達）、イタリア語（例：**bravo!** ※p58 参照）、フランス語（例：**bon voyage** ※p95 参照）など、様々な外来語が交じる。ここでの **Italiano** の使い方は外来語というよりはイタリア語が主題のためわざとであり、日本語の達者な外国人に対しても **You speak good Nihongo!** は英語的にアリだ。いや、むしろこの場合は **Japanese** と言うよりもベターだといえよう。

Parte 5 VENTO AUREO
SCENE 2　覚悟を

★★★★　　日本語　　★★★★

ジョルノ：あなた…『覚悟して来てる人』…………
　　　　　ですよね
　　　　　人を「始末」しようとするって事は　逆に
　　　　　「始末」されるかもしれないという危険を
　　　　　常に『覚悟して来ている人』って
　　　　　わけですよね…
ブチャラティ：こいつ…オレを殺る気だ
　　　　　「マジ」だ……
　　　　　小僧のくせに
　　　　　このオレを始末しようとしている……
　　　　　「ウソ」は　言ってない皮膚と汗だ

・・・・・・・・・・・・・
こいつにはやると言ったらやる………
『スゴ味』があるッ！

（JC48巻「ブチャラティが来る その④」）

文法解説

🧠 形容詞？　過去分詞？
prepared / resigned / eliminated

ものごとの性質や状態などを表す**形容詞**には **easy** や **hot** など以外に動詞の過去変化形である **-ed** で終わるものも多くあり、学習者を混乱させる。ジョルノのセリフの **prepared** と **resigned** はいずれも**形容詞**だが、**eliminated** は **be** とセットで受け身を表す**動詞の過去分詞**だ。これら **-ed** で終わる形容詞はもともと動詞由来で、文脈をどう解釈するかによって意見が分かれるグレーなものもある。
ただしこれは言語学者が議論する領域であって、学習者にとって大事なのはそれがどちらかであることより文意をしっかり理解できることだ。

胸に…ジョルノVSブチャラティ！

★★★★ 英語 ★★★★

Giorno: You've come "prepared" for this, right?
If you intend to 'eliminate' someone, it means that you're "resigned" to the risk of being 'eliminated' yourself instead…

Bucciarati: This guy…is really trying to kill me…
He's for 'real'….
For being just a little punk, he sure has balls.
I can tell from his sweaty skin that he's not 'bluffing'…

This kid's got some serious "guts"…
When he says he'll do something, he really does it!

He's=He is　kid's=kid has

単語・熟語

intend to：
　〜しようと意図する・目論む
punk：
　野郎または
　ロック音楽ジャンル
sweaty：
　汗をかいた・汗っかきの

動詞由来の形容詞（-ed/-ing）

annoyed（いらいらした）、**bored**（つまらない）、**confused**（混乱した）、**disappointed**（落胆した）、**excited**（歓喜した）、**frustrated**（いらいらした）、**interested**（興味がある）、**satisfied**（満足した）、**surprised**（びっくりした）、**tired**（疲れた）、**worried**（心配した）など。

また形容詞には上記すべての -ed を -ing に変えた種類もある（例：**interesting, surprising** など）。 -ed で終わるものは「人がどう感じるか」、-ing で終わるものは「人がどう感じるかを引き起こすものや状況」を表す、と覚えておこう。

I am interested in Japanese manga. 私は日本の漫画に興味がある。
JOJO's Bizarre Adventure is amazing!『ジョジョの奇妙な冒険』はスゴイ！

Parte 5 VENTO AUREO — SCENE 3

ドス

★★★★　日本語　★★★★

プロシュート：「ブッ殺す」…そんな言葉は
　　　　　　 使う必要がねーんだ
　　　　　　 なぜなら　オレや　オレたちの仲間は
　　　　　　 その言葉を頭の中に思い浮かべた時には！
　　　　　　 実際に相手を殺っちまって
　　　　　　 もうすでに　終わってるからだッ！
　　　　　　 だから　使った事がねェ───ッ
　　　　　　 ペッシ　オマエもそうなるよなァ～～～～
　　　　　　 オレたちの仲間なら…　わかるか？
　　　　　　 オレの言ってる事…　え？
ペッシ：あ…　ああ！　わかったよ！　兄貴
プロシュート：『ブッ殺した』なら　使ってもいいッ！

文法解説

未来形と過去形
'Gonna' rub / Rubbed

gonna は **going to** を略した未来表現で、対して **rubbed** は過去形だ。つまり動詞の時制の使い方が間違っていると指摘されたペッシだが、ここでの音読の重要なポイントは **rubbed** の **-ed** 部分を大げさなくらいに発音することであり、イメージとしては **rubbed** ッ！（～ブドゥッ！）である。そうしないとなかなか意図が伝わりづらい。「過去形で言うならよしッ！」という英文を補足したのは分かりづらさをカバーするためでもある。

(JC52巻「フィレンツェ行き超特急 その①」)

黒い信念！プロシュートとペッシ

★★★★　英語　★★★★

単語・熟語

rub：kill（殺す）の俗語
expression：表現
past tense：過去形

Prosciutto：'Gonna' rub him out?
　　　　　Hey, we don't need to use words like that because once those words come into our mind, the guy is already killed, it's already done! That's why I never use that expression! Hey, Pesci, you're part of the team, so you're gonna be just like us, right?
　　　　　See what I'm sayin'? Huh?
Pesci：Y…yeah! I got it, brother.
Prosciutto："Rubbed them out" – Saying it in past tense is fine!

　　sayin' = sayingの略形

ただブロークンなだけじゃない！
See what I'm sayin'?

文法的には正しくは **Do you** see what I'm saying?、つまり疑問形の Do you が隠れている。会話でよく耳にするこれら省略表現はそれぞれの話し方のクセによって微妙に差があり、文頭に you がかすかに「ヤ・ユ」みたいに聞こえることもあるだろう。重要なのは Do you の部分は決して言い忘れているのではなく、「わざわざ声に出して言わなくてもいいくらい当たり前」、それくらい話者にとって完璧に定着しているということである。
このレベルに到達するためには同じ文章を繰り返し音読することだ。100 回やれば 100 回やった分だけ、1000 回やれば 1000 回やった分だけ上達する。「どれくらいやれば？」に対する答えだ。

Parte 5 VENTO AUREO
SCENE 4

★★★★ 日本語 ★★★★

ディアボロ：どんな人間だろうと…
　　　　　一生のうちには「浮き沈み」があるものだ
　　　　　『成功したり』『失敗したり』………
　　　　　だが…未来という目の前に…………
　　　　　ポッカリ開いた「落とし穴」を見つけ！
　　　　　それに落ちる事がなければ
　　　　　人生は決して『沈む』事がない
　　　　　『絶頂』のままでいられる　わたしは！……
　　　　　そうじゃあないか？　え？

文法解説

☞ Beを制する者は英語を制す！

このセリフ中、動詞 **be** は実に6回も使われている。British National Corpus（コーパス）は書物や人の会話など、あらゆる英語表現がデータとして蓄積されている、「最も使用頻度の高い言葉は何か」を調べることができる言葉のデータベースだ。そして「最も多く使う動詞」が **be** であり、最頻出動詞トップ1000の約24％を占める。2位の **have** が約8％、3位の **do** が約3％であることを考えると、その使用頻度の高さが分かるだろう。これについては「『ジョジョの奇妙な冒険』で英語を学ぶッ！」で詳しく書いているが、**be** を自在に使いこなせるようになれば言いたいことの多くをカバーできるようになるはずだ。

【最頻出動詞トップ10】

1	be	6	make
2	have	7	go
3	do	8	see
4	say	9	know
5	get	10	take

（JC56巻「キング・クリムゾンの謎　その③」）

頂点に立つ者の論理

★★★★ 英語 ★★★★★

Diavolo: No matter who you are, there are
'ups and downs' in a person's life,
"successes" and "failures"…
But if you're able to see the 'potholes'
in the road ahead of you,
and not 'fall' into them,
you can stay at the "top" of your game.
That's the way I'm gonna be!
What do you say? Huh?

👉 単語・熟語

success(es)：成功
failure(s)：失敗・落第
pothole：
　道路などのくぼみ・穴
at the top of one's game：
　絶好調・絶頂期

👉 No matter ＋ 疑問詞（たとえ〜であろうとも）
No matter who you are 〜

No matter の後には疑問詞 **6W1H**（what / where / when / who / why / which / how）が入る。他の疑問詞を使った作文例も見てみよう。

No matter what you do, you can't beat me.
何をしてもおまえはボクには勝てない。

No matter where you are, my Grateful Dead will find you.
どこにいようともグレイトフル・デッドがおまえを必ず見つける。

No matter which path you choose, the one you choose is the right path.
どちらの道を選ぼうと自分で選ぶ道が正しい。

No matter how hard you try to stop me, I will go to heaven.
どんなに必死に止めようとわたしは必ず天国に行く。

No matter when, I want to be fashionable.
どんなときでもおしゃれでいたい。

Parte 5 VENTO AUREO SCENE 5

★★★★ 日本語 ★★★★

ナランチャ：で… でも 「命令」してくれよ…
「いっしょに来い！」って命令してくれるのなら
そうすりゃあ勇気がわいてくる
あんたの命令なら何も怖くないんだ…

ブチャラティ：だめだ………これだけは「命令」できない！
おまえが決めるんだ………
自分の「歩く道」は…………
自分が 決めるんだ……

ナランチャ：わ…わかんねーよォ〜〜〜〜〜
オレ…わかんねえ……

ブチャラティ：だが忠告はしよう
「来るな」ナランチャ…
おまえには向いてない

ナランチャ：ブチャラティィィィィィィィィ
行くよッ！ オレも行くッ！
行くんだよォ──────ッ!!

(JC56巻「キング・クリムゾンの謎 その⑥」)

文法解説

👉 仮定法過去
I'd be brave if you ordered〜
I'd be fearless if you gave〜

仮定法「過去」、といっても実際は「現在」の事実に反する仮定であり、あくまで形式上動詞の時制が過去、ということだ。主節部分の助動詞は would 以外に「(そうする・なる)かもしれない」を表す could / might なども使い、それに動詞の原形が続き、if 節の中の動詞は過去形になる。ここでは if 節の動詞はいずれも一般動詞 order / give で、よってそれぞれ過去形である ordered / gave と変化させる。

強い絆、それは恐れをも克服する！

★★★★ 英語 ★★★★

Narancia: But…but I want an 'order'…
I'd be brave if you just ordered me to 'come along'.
I'd be totally fearless if you just gave me an order...

Bucciarati: No…for this matter, I can't give you an 'order'…
You make the decision…
You are the one to decide which 'path' you want to take…

Narancia: I…I don't know…
I really don't know what to do…

Bucciarati: But let me give you some advice.
'Don't.'
You can't handle it, Narancha.

Narancia: Bucciaratiiiiiiiiii!!! I'm coming!
I'm coming with you, too!!!
I said I'm following you!!!

You can't handle it= お前の手には負えない　I'd =I would

☞ 単語・熟語
totally：まったく・完全に
handle：扱う

☞ 仮定法過去（if節の動詞がbeの場合）

if 節の動詞が **be** の場合、基本として主語が **I** や **he/she** などであっても **was** でなく **were** になる、という特殊なルールがある。たとえば **I'd be totally fearless if〜**の **you gave** の部分を **I ＋ be given** という受身表現にすると：

I'd be totally fearless if I were given an order（to come along）.

つまり **I wish I were a bird**（鳥になれたらいいのに）と同じ、ということだが、ついでに：

I'd be able to reach Capri faster if I were a seagull or a black-tailed gull.
もし自分がカモメかウミネコだったらもっと早くカプリ島に着くことができるのだが。

Parte 5 VENTO AUREO
SCENE 6

★★★★　　日本語　　★★★★

（JC56巻「ガッツの「G」」）

ミスタ：菜食主義ってよォ〜〜〜〜〜〜……あるよな
あれってよォーッ　チーズとかはさあ
食っちゃっていいわけ？

アバッキオ：ああ？
そいつはダメだろーな　牛乳関係とか卵は
牛とかニワトリのもんだからな
クリームとか使ってるケーキも
きっとダメだろうよ

ミスタ：へえええぇ〜〜〜〜‼
ケーキもダメ〜〜〜〜〜〜？
でもその方が体の調子いいのかなあ〜〜〜〜？

ナランチャ：じゃあさ！　じゃあさ　やつら靴とかさ
ハンドバッグはどうしてんの？
革で　できてるじゃんよォ

アバッキオ：そりゃ　当然　動物がカワイソーって菜食ならよォ
スニーカーはいてリュックとか
背負ってんだろーがよ

ミスタ：うっヘェー　そりゃスッゲ
気合い入ってるわッ！　ババアになっても
バスケの選手みてーなカッコするのかあ〜
きっとレストラン入れてくんねーぞ

文法解説

🖐 made of / from について
sneakers made of synthetic leather

「〜から作られている」という表現には **made of / made from** の二種類あるが、材料がそのまま使われていて、それが見た目で分かるものが **made of**、原材料を加工したもの、それによって元材料が分かりづらいものについては **made from** となる。

Stand arrows are made of meteorites.　スタンドの矢は隕石からできている。
Mozzarella is made from water buffalo milk.　モッツァレラは水牛の乳からできている。

かの間の休息…、ヴェネツィアにて

★★★★　英語　★★★★

Mista: Hey, guys, you know about these vegetarians? I was just wondering if they're allowed to eat cheese or stuff like that.

Abbacchio: Huh? I doubt it because dairy products and eggs come from cows and chickens. I think they can't eat cake either because it's made with cream.

Mista: *Mamma Mia!* Not even cake? I wonder if that would be better for your health, though.

Narancia: Okay then, so what about their shoes and handbags? They're made of leather, aren't they?

Abbacchio: Well, if those vegetarians think eating meat is cruel, then I bet they wear sneakers made of synthetic leather and carry nylon backpacks.

Mista: No joke, man! That's serious! You mean they'll still be dressed like basketball players even when they become old ladies? I bet restaurants wouldn't let them in.

☞ 単語・熟語

vegetarian(s)：菜食主義者
dairy products：酪農製品
cruel：残酷な
synthetic：合成の

とはいえ、スニーカーが合成皮革でできているか本皮でできているか見分けがつかない、といったように、英文法ルールが科学技術の進歩に追いついていないケースもある!?

☞ Mamma Mia!

イタリア語だが英語圏でも使われ、直訳すれば **My mother!**（おかあちゃん！）で「なんてこった！」。英語の **Oh my God!**（ツイッターなどの **SNS** では **OMG** と略す）に近いニュアンスだが実はイタリア語でも **OMG** と同じ **Oh Dio mio!** という表現がある。そうか、**Dio** は神だったのか…。 **mio / mia** は英語の **my**。

15

★★★★　　日本語　　★★★★

承太郎：行け……徐倫

徐倫：こ……これって……あたし……さっき……
　　　これって‼　そんな……

承太郎：おまえの事は……いつだって大切に思っていた

徐倫：………………………

な…なによそれッ！　ま…まさか！
そ…その胸……そ…そんな……

承太郎：行け‼　徐倫
　　　血が少し出てるだけだ……
　　　すぐに後から行く…

文法解説

👉 「言葉に詰まる」は英語でも起こる

というわけで徐倫はそれぞれ何と言おうとしていたのか、考えてみよう。

① **I just ___ ___ ___.**
ヒント：「さっき」ペンダントをどうした？

② **You can't ___ ___.**
ヒント：「冗談」でしょ

③ **That can't be ___.**
ヒント：まさか「ホント」のわけ

（SO3巻「面会人 その⑨」）

空条徐倫、父の愛を知る…

★★★★ 英語 ★★★★

Jotaro : Go, Jolyne…
Jolyne : This…I mean, I just…
　　　　No, you can't…
Jotaro : You've always been special to me…
Jolyne : ………

　　　　W…What's that you got there!?
　　　　You…Your chest… No…That can't be…
Jotaro : Come on, Go, Jolyne!
　　　　I'm just bleeding a bit…but I'll catch up with you later…

単語・熟語

chest：胸部・同義語 breast
bleed：血が出る
　　　（血は blood）

What's that you got there!? を解読する

What is that (that) you got there!?
　　　　代名詞　関係代名詞
　　　　（それ）

セリフでは二番目の関係代名詞 that が省略されている。got は have と同じ意味でここでは「あなたのそこ（胸）にある（敵の攻撃による傷らしき）ものは何？」ということだが、日常会話では「あなたが手にしているそれは何？」となり、描写を加えることで単に What's that!?（それは何？ ねえ、教えて、教えて）と聞くよりも主体性が加わるといえる。

左Pの答：① I just threw it away.（投げ捨てた）、② You can't be kidding または joking、③ That can't be true.

SCENE 8

★★★★　　日本語　　★★★★

エンポリオ： 待てッ！　アナスイッ！
　　　　　何をたくらんでいるッ！
アナスイ： たくらんでいる？　今の言葉どおりだ…
　　　　　彼女を全力で守ってやる　気に入ったんだよ
　　　　　彼女を初めて見た時から何もかもな

　　　　　父親のためにわざわざ「懲罰房」まで
　　　　　行ったという今回のその覚悟が
　　　　　さらに気に入った

　　　　　彼女を守り切ったなら…オレは彼女と結婚する
　　　　　それが条件だ…いいな…！
　　　　　F・Fだっけ？
　　　　　おまえ何でもするといったよな

　　　　　祝福しろ
　　　　　結婚には　それが必要だ

文法解説

🕊 結婚の誓い　Marriage Vows

アナスイが望むとおり、結婚式を挙げて祝福しよう。アナスイ本人になりきってしっかり音読しよう。

I, Narciso Anasui, take you, Jolyne Cujoh, to be my wedded wife to share with you both sorrow and joy, for better or for worse, for richer or for poorer, in sickness and in health, to love and to cherish, and be faithful to you until death do us apart.

私、ナルシソ・アナスイは空条徐倫、あなたを妻とし、悲しみのときも喜びのときも、良いときも悪いときも、富めるときも貧しきときも、病めるときも健やかなるときも、死がふたりを分かつまで愛し慈しみ、真心を尽くすことを誓います。

（S07巻「その名はアナスイ」）

一筋に貫く！愛する者への想い

★★★★ 英語 ★★★★

Emporio: Anasui, wait!
What's your angle!

Anasui: What do you mean by my angle? It's just like I said…
I'll protect her with everything I've got. Even from the first time I saw her, I liked everything about her.
I really fell for her when I saw how she was so ready to go to the 'solitary chamber' for her father.
Once my mission to protect her is complete, I'm going to marry her.
That's the deal… Is that clear, umm…was it F.F? You said you'd do anything.

Give us your blessing.
A proper marriage needs that.

単語・熟語

angle：たくらみ・角度
mission：使命・任務
deal：取引（する）
solitary chamber：独房

By the authority vested in me by the State of Florida, I now pronounce you husband and wife. You may now kiss your bride.

フロリダ州より与えられた権限により、ここに二人を夫と妻と宣言する。花嫁にキスを（でもフレンチはダメよ）。

※ **authority**（権限・権威）、**vest**（与える・授ける）**pronounce**（宣言する・発音する）**bride**（花嫁〈花婿は groom〉）

敵であるプッチ神父による結婚の承認、これぞまさに It's a blessing in disguise、「姿を変えた祝福」、「不幸に見えて実はありがたいもの」だといえよう。

Part 6 Stone Ocean SCENE 9

★★★★　　　日本語　　　★★★★

DIO： すぐれた画家や彫刻家は自分の『魂』を
目に見える形にできるという所だな
まるで時空を越えた「スタンド」だ…
そう思わないか？
特にモナリザとミロのビーナスは…

プッチ神父： 興味深い話だな…レオナルド・ダ・ヴィンチが
スタンド使いかい？

DIO： なぁ……わたしは君のことを
言ってるんでもあるんだ
君のホワイトスネイクは
「魂」を形にして保存できる
君はわたしをいつ裏切るのか？
なぜわたしを襲わない？
君は　わたしの弱点が太陽の光で
昼…暗闇で眠るのを知っている

わたしの寝首をとればいいだろう………
わたしの「ザ・ワールド」を
DISCにして奪えば君は王になれる

やれよ……

(SO11巻「天国の時」)

文法解説

✊ It's (It + be)
It's as if～ / It's just like～

「『ジョジョの奇妙な冒険』で英語を学ぶッ！」では It + be の用法については This / That is の代用（日本語のニュアンスにおいて「これ・それ」を強調しない）として紹介したが、天気・気候・気温や日時について表現するときの定番フレーズでもある。

It's sunny / windy / hot today.　　　　　晴れている・風が強い・暑い
It's happy Saturday /one o'clock / lunch time.　楽しい土曜日だ・1時だ・昼食時間だ

DIOとプッチ、その奇妙な友情

★★★★ 英語 ★★★★

DIO: It's as if great painters and sculptors can form their "spirits" into visible objects.
It's just like 'Stands' that go beyond time and space… Don't you think so?
Mona Lisa and Venus de Milo in particular are that way…

Pucci: That's an interesting point… Are you telling me Leonardo da Vinci is a Stand user?

DIO: Hey, listen… I'm actually talking about you, too.
Your Whitesnake has the ability to form the shape of a 'spirit' and keep it that way.
Will you let me down someday?
Why don't you attack me?
You know that I'm allergic to sunshine and that I sleep in the daytime in the shadow of darkness.
You can easily kill me if I'm caught off guard…
You could become a king if you captured 'The World' of mine into a disc.
Come on, do it…

単語・熟語

visible：目に見える
object(s)：物体
be allergic to：〜にアレルギーがある
off guard：無防備で
capture：捕える

It's (It + be) 裏技
It's as if〜 / It's just like〜

英作文をしようとするとき、つまり言いたいことを英語で言おうとするとき、「主語が出てこない」、「文の出だしが分からない」はよくあることだが、その場合は「迷ったなら **It + be**」でいこう。かなりの確率で「新しい道」への扉が開かれるはずだ。何かを食べて **How do you like it?**（お味はどう？）と感想を聞かれて、「あー、イエス、ベリーグッド！」と文の出だしをごまかすよりは **It's good!**（良い・美味しい）ということだ。

Part 6 Stone Ocean SCENE 10

★★★★　日本語　★★★★

F・F：あたしの一番怖い事は……………
　　　友達に「さよなら」を言う事すら
　　　考えられなくなる事だった
　　　でも……最後の最後に………
　　　それを考える事ができた
　　　徐倫……アナスイが目を醒ましたら
　　　伝えといて………体はあんたのもの
　　　あんたの「知性」と「生命」を使って
　　　傷をうめといたって………

徐倫：ちょっと待ってッ！　な…なに言い出すのよ
　　　エ…F・F!!

F・F：さよなら……徐倫　もうここにはいられない……
　　　フー・ファイターズは消える

徐倫：なに　言ってるのよッ！　バ…バカな事を!!

F・F：あたしを見て徐倫
　　　これがあたしの「魂」……
　　　これが　あたしの「知性」……
　　　あたしは生きていた

（SO11巻「新月の時！新神父」）

文法解説

疑問文（基本）
What are you talking about!? / What are you saying!

6W1Hを使った疑問文についてみていく前にまず「be（A）」と「一般動詞（B）」の違いについて確認しよう。

(A) He <u>is</u> a Stand user.　→　<u>Is he a Stand user?</u>
(B) He <u>has</u> a Stand power.　→　<u>Does he have a Stand power?</u>

右側の二文は疑問文である。見て分かるとおり、**is**（**be**）なら順序を入れ替えるだけ（A）、一般動詞である **has**（**have**）を使った肯定文を疑問文に変える場合、自動的に **do** が入り、これを肯定文の主語と時制に合わせて変化させ（**does**）、代わりに肯定文では三人称現在だった **has** を原形の **have** に変える（B）。これが一般疑問文の基本ルールだ。

戦いの中で見つけた、生きた証…

★★★★　英語　★★★★

F.F: My biggest fear…was when I couldn't even think about saying 'good-bye' to my friend.
But at the very end…, I was able to think about it.
Jolyne…When Anasui wakes up, tell him the body is his.
Tell him I've used his 'intelligence' and 'life' to fill in the wound…

Jolyne: Wait! What…what are you talking about, F.F!?

F.F: It's time for good-bye, Jolyne… I'm outta here. Foo Fighters out.

Jolyne: What are you saying!　Cut it out with that nonsense!

F.F: Jolyne, look at me...
This is my 'spirit'…
This is my 'intelligence'…
I was alive.

☞ 単語・熟語

fill in：埋める
outta：out of の略形
nonsense：ナンセンス

☞ 疑問文（応用）

このルールは疑問詞を使った疑問文を作文するときにも応用される。

（Ａ）What <u>is</u> the strength of your Stand?　君のスタンドの強みは何？
（Ｂ）What <u>do</u> you <u>think</u> about my Stand?　オレのスタンドについてどう思う？

徐倫のセリフはいずれも **What are you ～?** で、**talking / saying** が含まれる現在進行形だが、分類としては **be** を使った（Ａ）に入る。疑問詞の直後に動詞が置かれるのは（Ａ）（Ｂ）どちらも同じだが、疑問詞の後に名詞を入れるケースもある：

What <u>kind of Stand</u> do you have?　君はどんなスタンドを持っているの？
What <u>ability</u> does your Stand have?　君のスタンドはどんな能力を持っているの？

SCENE 11

★★★★　　日本語　　★★★★

リキエル：神父の求めているものは
　　　　その「偶然」だ！
　　　　おまえに味方した「偶然」！
　　　　それがほしいんだ
　　　　おまえは誰よりも強い『運命』を
　　　　持っているようだ
　　　　神父は「オレ」か？
　　　　それとも「おまえ」か？
　　　　強い「運命」を持っている方に来てほしいんだ!!
　　　　この世で最も「強い力」は！
　　　　「計算」なんかでは
　　　　決してないのだからな

(S013巻「スカイ・ハイ その⑥」)

文法解説

関係代名詞 what 1
What Father Pucci is looking for is that 'coincidence'!

Father Pucci is looking for that 'coincidence'.（プッチ神父はその「偶然」を求めている）でも大意は大きく変わらないが、関係代名詞 **what** を使った表現にすることで「まさに求めているもの」と強調される。

関係代名詞としての **what** は **the thing that / which** に置き換えることができ、「～というもの・こと」を表す。かなりの頻度で会話でも使われ、しっかり使いこなすことができるようになれば表現の幅がぐっと広がる。

本気の覚悟を見せてやる！

★★★★ 英語 ★★★★

Rikiel : What Father Pucci is looking for is that 'coincidence'!
The 'coincidence' that favors you is what he wants!
It seems like you have a stronger "fate" than anyone else.
He wants the one with the stronger fate to come!
Will that be 'me'? Or is it 'you'?
The 'strongest power' in this world can't be measured just by 'calculation'.

単語・熟語

favor ：
　好意(を示す)・親切・助力する
　イギリス英語では favour

measure ：計る

What you need is... 〜天国へ行く方法〜

練習として、DIO になったつもりで「天国へ行く」ために必要なものを表題の **What** 構文を使って唱えてみよう。

『わたしのスタンド』　**my Stand**
信頼できる友　**a reliable friend**
『極罪を犯した36名以上の魂』
the souls of more than 36 atrocious criminals
『14の言葉』　**the 14 Words**
『勇気』　**the courage**
場所　**the location**

25

Part 7 STEEL BALL RUN
SCENE 12

レース

★★★★　　日本語　　★★★★

ポコロコ： YO！　あんたああ〜〜〜〜〜〜
　　　　　トップのあんたッ！　その程度かよッ……!!
　　　　　宣言するぜ
　　　　　オレに一度抜かれたら………………
　　　　　あんたは　もうこのポコロコを
　　　　　抜き返すことは出来ない……

ジャイロ： なんか言ったか〜〜〜〜〜？
　　　　　オレのケツとお話をされてもよォオ〜〜〜〜
　　　　　おケツじゃ聞こえやしねえ〜〜〜〜〜〜

ポコロコ： どきなっていいてえのよオ〜〜〜〜〜
　　　　　オジンは後ろに下がってなッ

（SBR2巻「#9 長い長い下り坂」）

文法解説

👉 スラングについて

今回、スラング（俗語）を多用したのは特に6・7部の舞台がアメリカであることやキャラクターの性格なども考慮したとき、あえて使ったほうがしっくりくる表現が多かったためだ。積極的に覚えて使う必要はもちろんないが、生の英語を知る上でぜひ参考にしてほしい。

ここで多用されている **ass** は「おしり」を少々下品にした言葉だが（**butt** とも言う。**hip** は腰）、実は思っているほど卑しいニュアンスとして使われていないことも多い。というのも、**get your ass in front of me** や **I said move your ass** は「おケツ」そのものでなく相手の体全体を指しているか、ニュアンス的に「この野郎・アホ」の代用に近い。

開幕ッ!! トップを狙う出場者たち

★★★★ 英語 ★★★★★

Pocoloco : Yo! Brother 〜〜〜〜〜!
Hey, you at the top! Come on, is that the best you've got? Well, let me set the record straight.
Once I leave you in the dust, you'll never get your ass in front of me.

Gyro : Did somebody say something?
You can't talk to my ass...so you might as well kiss it!

Pocoloco : I said move your ass, you old geezer 〜〜
Shut your pie hole and just stay behind me!

👉 単語・熟語

dust : 埃・塵

set the record straight : 記録・誤解を正す

geezer : 変わり者・じいさん

pie hole : 口（くち）の俗語

👉 How are you? スラング編

How are you? と聞かれて返答に詰まることは多いと思うが、とりあえず **Great** などと返すのが無難だろう。サイテーな気分なら **Lousy** などという返しもあり、当然あれこれ突っ込まれるので英語の練習チャンスとしてはいいかもしれない。

スラングの挨拶表現としては **What's up?** や **What's new?** 、**How are you doing?** の発音をくずした **How ya doin'?** などがあり、最近どう？ 何か変わりは？ ということだが、特に何もなければ **Not / Nothing much** などがやはり無難となるが、オウム返しで **What's up?** と質問を質問で返すもアリだッ!

SCENE 13

★★★★　　　　日本語　　　　★★★★

フェルディナンド博士：「大地」を敬えと言ったはずだ
　　　　　　　　　世界はきさまのようなヤツばかりだ
　　　　　　　　　いったい　なぜ君は遺体を探している？
　　　　　　　　　動機はなんだ？
　　　　　　　　　その歩く事のない脚を治したいから
　　　　　　　　　という理由か？
　　　　　　　　　それとも「不老不死」とか
　　　　　　　　　「無敵の力」を手に入れたいからか？
　　　　　　　　　そんなちっぽけでレベルの低い話を
　　　　　　　　　してるんじゃあない……
　　　　　　　　　この遺体はもし全てのパーツがそろったら
　　　　　　　　　この世のあらゆる人間に
　　　　　　　　　「尊敬される遺体」となる
　　　　　　　　　『尊敬』は『繁栄』だ！
　　　　　　　　　この「遺体」を全て手に入れた者は
　　　　　　　　　真の「力(パワー)」と『永遠の王国』を
　　　　　　　　　手にする事が出来るッ！

(SBR7巻「#31 スケアリー モンスターズ その④」)

👉 respect【尊敬(する)・尊重(する)・敬意】

ここのところ日本語の会話でもすっかり定着した「リスペクト」という言葉だが、カタカナ語で使う前に英語での使い方をしっかり覚えるほうが先だろう。

I respect this holy land.
私はこの聖なる大地を尊敬する。

I give/pay my utmost respect to His Excellency Funny Valentine.
私はファニー・ヴァレンタイン閣下に最上の敬意を表する。

With all due respect, Mr. President, something is wrong with your left ear.
恐れながら(※慣用句)、大統領閣下、あなたの左耳が変です。

見えてきた「遺体」の真実…

★★★★ 英語 ★★★★

単語・熟語

jackass：ばか・まぬけ
be after：追い求める
trivial：
　つまらない・くだらない

Dr. Ferdinand: I told you to pay your respect to the 'holy land'. There are too many jackasses like you in the world.
Why are you looking for the body? What are you after?
Is it because you want to cure your paralyzed legs?
Or is it because you want 'eternal youth' or 'invincible power'?
I'm not here to talk trivial nonsense…
When all the body parts are put together, it will become the most 'respected body' in the world.
"Respect" is "prosperity"!
When you get all the parts of this 'body', you can make your absolute 'power' in the "kingdom of eternity" a reality!

because
Is it because〜?

何か理由を問われたとき、**Because** 〜と返してはいないだろうか。いや、会話ではもちろんこの省略表現はＯＫだが、頭の中では It is because 〜であることを意識した上で使ってほしい。

なぜジョニィは最後に「ニョホホ」と笑ったか。

It's not simply because he was influenced by Gyro, but it's because of his respect to him.
Or perhaps it's just because he loved him so much.
単にジャイロに影響を受けただけでなく、
彼への敬意のためだ。
もしくはただ彼を愛してやまないからだったのかもしれない。

Part 7 STEEL BALL RUN
SCENE 14

（SBR8巻「#35 男の世界 その③」）

★★★★　　　日本語　　　★★★★

リンゴォ：『社会的な価値観』がある
　　　　そして『男の価値』がある
　　　　昔は一致していたがその「２つ」は
　　　　現代では必ずしも一致はしてない
　　　　「男」と「社会」はかなりズレた価値観に
　　　　なっている………

　　　　だが「真の勝利への道」には
　　　　『男の価値』が必要だ…
　　　　おまえにも　それがもう見える筈だ…
　　　　レースを進んで　それを確認しろ……
　　　　「光輝く道」を…
　　　　オレはそれを　祈っているぞ
　　　　そして感謝する

　　　　ようこそ………『男の世界』へ………

文法解説

ジョジョのビジネス英語講座1
consider

consider はビジネスシーンではよく使う言葉だ。think と似た意味だがコメントに対してより責任を負うイメージだ。

We will seriously consider your proposal .
提案については熟慮します。

We'll take that into consideration.
それについては考慮しましょう。（名詞）

Consider it done.※
おまかせください（やったものとみなしてください）。

※デキるビジネスパーソンの常套句。略して CID、または一言で Done！

語られるのは、男の美学

★★★★ 英語 ★★★★

Ringo: There are 'social values', and there are 'values of men'.
'Both' were considered the same in the old days, but it's not necessarily that way anymore.
The values of 'men' and 'society' have become deviated…
But the 'values of men' are essential on the 'path to true victory'…
I trust by now, you are able to see that…
Continue with this race and find out…the 'path of the shining light'…
I hope you will…
and I appreciate this great encounter.

Welcome…to a "Man's World"…

☞ 単語・熟語

not necessarily：
必ずしも～でない

deviated：
外れた・かけ離れた

encounter：出会い

☞ ジョジョのビジネス英語講座2
appreciate

thank（感謝する）の同義である **appreciate** はフォーマルなビジネス英語表現だ。

We appreciate your understanding on our situation.
当方の置かれている状況について理解いただけると幸いです。

We would appreciate it if you could respond to us at your earliest convenience.
できるだけ早めにお返事いただけますと幸いです。

上記は「感謝する」を意味する他動詞で、目的語が必要だ。特に **appreciate it** は入れ忘れに注意しよう。またビジネスでは「値上がりする」という意味を持つ自動詞としてもよく使う：

The Japanese Yen appreciated against the US dollar.
日本円は米ドルに対して値上がりした（円高ドル安になった）。

Part 7 STEEL BALL RUN SCENE 15

★★★★　　　日本語　　　★★★★

マウンテン・ティム：あなたは他の男のものです
　　　　　　　　　しかし　あなたの役に立ちたい……
　　　　　　　　　初めて出会った時からずっと思っていました
　　　　　　　　　この世のあらゆる残酷さから
　　　　　　　　　あなたを守ってあげたい

ルーシー：………………

　　　　　マウンテン・ティム　わたしは
　　　　　あなたを誤解させてしまったのかもしれない…
　　　　　でも　助けてもらう人は………
　　　　　あそこでは　あなたしかいなかった
　　　　　もうすでにあなたを
　　　　　巻き込んでしまったのかもしれない
　　　　　危険がせまっています
　　　　　どうか何も聞かず　この場所から
　　　　　立ち去ってください

マウンテン・ティム：わたしにとっての恐怖は
　　　　　　　　　あなたを失う事だけです
　　　　　　　　　わたしが旅の仕事から町に帰ったら…
　　　　　　　　　笑顔で挨拶してくれるだけでいい……
　　　　　　　　　そのためなら地獄に堕ちるのも怖くはない……

（SBR9巻「＃37 緑色の墓標 その②」）

文法解説

👉 may have＋過去分詞　〜してしまったかもしれない
I may have misled you / I may have put you into trouble.

may はここでは推量の助動詞で、現在完了形とセットの「〜してしまったかもしれない」は控えめさを含んだ定番表現だ。　**may** の代わりに **might** でも意味はほとんど変わらないが、若干可能性の度合いは低くなる。

男女間での「誤解させてしまったかもしれない」は実際に言われたらかなり恥ずかしいが、**I may have got you wrong.**（君の想いを取り違えてしまったかもしれない）と素直に認めるのも一つの手かもしれない。

愛しき人のために…

★★★★ 英語 ★★★★

Mountain Tim: You belong to another man.
But I want to help you.
I've felt that way since I first met you.
It is my obligation to protect you from all the cruelty in this world.

Lucy: Mountain Tim, I may have unintentionally misled you…
But you were the only one there who was able to help me.
I may have put you in a tough situation.
You could be in danger.
So please get out of here, and don't ask anything.

Mountain Tim: My only fear is losing you.
All I need is your cute little smile and a "Hello" when I return from a business trip...
If I can just have that, I'd be fine with going to hell...

👉 単語・熟語

obligation：義務・責務
I am obliged to protect you という表現も可能。

unintentionally：意図せずに

👉 否定の接頭辞

I may have <u>un</u>intentionally <u>mis</u>led you.

否定の接頭辞には **un / in / im / dis** などがあるが、ここでは「そうでない ＝ **not**」を表す **un** と、少しニュアンスの違う「誤って」などの意味を持つ **mis** が使われている。混同しやすいので注意しよう：

I <u>mis</u>used my Stand ability. スタンド能力を誤った（悪い）使い方をしてしまった。
Nobody knows whether the power of the holy body was used or <u>un</u>used.
遺体の力が使われたか、未使用だったかは誰にも分からない。
尚、**misled** は不規則変化なので一見わかりづらいが **mis** ＋ **lead**（導く）の過去分詞だ。

Part 7 STEEL BALL RUN SCENE 16

★★★★　　　日本語　　　★★★★

（SBR11巻「#43 サイレント・ウェイ その④」）

ジャイロ：『黄金長方形』という形がある
　　　　　聞いた事があるか？
　　　　　それはおよそ９対16の比になっている
　　　　　「長方形」の事を指し…

　　　　　正確には１：1.618の黄金率の事をいう
　　　　　この「長方形」は古代から
　　　　　この世で最も美しい形の
　　　　　基本の『比率』とされている
　　　　　エジプト・ギザの『ピラミッド』
　　　　　『ネフェルティティ胸像』
　　　　　ギリシアの『パルテノン神殿』『ミロのビーナス』
　　　　　ダ・ヴィンチの『モナリザ』……………

　　　　　この世の建築・美術の傑作群には計算なのか？
　　　　　あるいは偶然なのか？
　　　　　この「黄金の長方形」の比率が
　　　　　形の中に隠されている

文法解説

英数字の読み方１（小数点のある数字）
1.618

1.618は one point six one eight、小数点以下の数は個別に読み上げるが、**０（ゼロ）**はそのまま**「ゼロ」**（より原音に近いのは「ズィロゥ」）でもいいし、形の似たアルファベットの **O** にならって**「オウ」**でもＯＫだ。

The ratio of a circle's circumference to its diameter is 3.14159.
円周の直径に対する比率（円周率）は 3.14159 である。

The marathon distance is 42.195 kilometers, or 26.385 miles.
マラソンの距離は 42.195 キロ、または 26.385 マイルだ。

黄金長方形、それは無限の美しさ！

★★★★　英語　★★★★

Gyro: Have you ever heard of the shape called the "Golden rectangle"?
It's a 'rectangle' with a ratio of approximately 9 to 16, or to be more specific, a ratio of 1 to 1.618, known as the golden ratio.
Since ancient times this particular 'rectangle' was regarded as the 'ratio' that creates the most beautiful shapes in the world - The "Great Pyramid" of Giza in Egypt, "Bust of Nefertiti",
"Parthenon" in Greece, "Venus de Milo", "Mona Lisa" by Da Vinci…

Are all these masterpieces of architecture and art results of elaborate calculation, or merely by coincidence?
No, the ratio of the 'Golden rectangle' is hidden inside them.

☞ 単語・熟語

approximately：
約・about と同義だがよりフォーマル。

to be more specific：
正確・厳密にいえば

masterpiece：傑作・名作

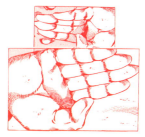

☞ 英数字の読み方2（大きな数字）

ついでに大きな英数字についてもみてみよう。100（hundred）、1000（thousand）までは日本語に相当する英語があるが、（1）万は（ten）thousand、つまり「千が10個」というのが英語の概念だ（というより日本語の数の読み方が不規則）。ついでに100万が1 million、10億が1 billion、そして（1）兆でやっと（1）trillion、とまたピタリ日本語にはまる。

They battled at an altitude of 12,000 meters.
彼らは高度1万2千メートルで闘った。（twelve thousand）

We must find Polpo's hidden fortune of worth 600,000,000 yen.
ポルポの6億円相当の隠し財産は必ず見つけねば。（six hundred million）

Part 7 STEEL BALL RUN SCENE 17

どちらを取

★★★★ 日本語 ★★★★

ジョニィ：飲むかい………ジャイロ
このワインも無くさないとな……

ジャイロ：ああ……少しは暖まるかもな

ジョニィ：うん………陽もギリギリ暮れたしな…

ジャイロ：なあ…馬を呼ぶ前に乾杯しねーか？

ジョニィ：………………………………
何に………？　全てを失ってしまった

ジャイロ：『ネットにひっかかって
はじかれたボールに』乾杯は？

ジョニィ：？……何の事？

ジャイロ：ダメか？　じゃあ次の『遺体』に………

ジョニィ：次の『遺体』か………それならいい……………
気に入った………
次の『遺体』とゴールに………………

ジャイロ：次の『遺体』とゴールに…

文法解説

 **乾杯!**

toast は **make a toast**（乾杯をする）、**propose a toast**（乾杯の音頭をとる）のように使い、音頭を取る人は **To ～** と目的を告げるが、たとえば **To Bucciarati** など、故人を偲ぶときにも使える。一般的な掛け声としての「乾杯！」は **Cheers!** だ。ちなみにイタリアではグラス同士がぶつかる音を表して **Cin Cin**（チンチン）または「健康に（乾杯）」を意味する **Salute**（サルーテ）。

(SBR12巻「#48 チューブラー・ベルズ その①」)

るか!? 究極の選択のあとに…

★★★★ 英語 ★★★★

Johnny: Do you want some, Gyro? We've gotta get rid of this wine, too.
Gyro: Yeah… Maybe that could help us warm up a bit.
Johnny: True… and the sun is almost going down…
Gyro: Hey, why don't we make a toast before we call our horses?
Johnny: …
　　　　Make a toast to what? We've lost everything.
Gyro: How about "To a ball that's hit the net"?

Johnny: ? I don't quite follow you.
Gyro: Well, forget it. Then how's "To the next body"…
Johnny: "To the next 'body'"… Yeah, that doesn't sound so bad…In fact, I like that…
　　　　To the next 'body' and to the goal…
Gyro: To the next 'body' and to our goal…

　　　gotta = got to　　that's (hit) = that has (hit)　　how's=how is

📢 単語・熟語

Why don't we ~?：
　Let's ～と同義

get rid of：
　捨てる・throw away と同義

follow：
　追いかける・ここでは
　understand と同義

📢 ジョジョの文法問題

We've gotta　=　We <u>have</u> got to
We've lost　=　We <u>have</u> lost
that's hit　=　that <u>has</u> hit

Q: 上記の **have** のうち、現在完了形でないのはどれだろうか。またその理由も答えよ。

A: **We've gotta**。理由：「～しなければならない」を表す助動詞 **have to** だから。尚、**got** は語呂を良くするために挿入される会話独特の言い回しである。

37

Part 7 STEEL BALL RUN SCENE 18

★★★★　　日本語　　★★★★

大統領：男が女にひかれる基準だが…
　　　　あるいは女が男にひかれる基準だが…………
　　　　「愛」だとか「愛してない」だとか「好き」だとか
　　　　「嫌い」だとかそんなんじゃあない…………
　　　　「吉」であるかどうかだ

　　　　自分にとってその男が…あるいは女が
　　　　「吉」であるかどうかなのだ
　　　　ルーシー…　おまえはわたしにとって
　　　　「吉」の存在だ
　　　　わたしも君にとって　そうでありたいと
　　　　思うがいかがかな？

文法解説

👉 動名詞　being
It's just a matter of being good or not.

最頻出動詞 **be** でも特に使い方がむずかしいのが **being** で、現在分詞または動名詞として使う。ここでは「〜であること」を意味する動名詞となる。

では、**Patriotism is the most beautiful virtue in this world.**（「愛国心」はこの世でもっとも美しい「徳」だ。※p103 参照）を動名詞 **being** で言い換えてみよう。ヒントは「愛国心」を「国に忠実（**loyal**）であること」と訳すことだ。

Being loyal to the nation is the most beautiful virtue in this world.

つまり **patriotism**（愛国心）という単語を知らない場合、**be** を使って言い換えることができる、ということだ。ボキャビルも大事だが **be** の使い方をマスターすることも大事だ。

(SBR19巻「#73 D 4 C その⑥」)

愛情も計算に変えてしまう男

★★★★ 英語 ★★★★

Valentine : When a man is attracted to a woman…or the other way around…the basics behind it is not about 'having' or 'not having' love, or things like 'I like you' or 'I hate you.'
It's just a matter of being 'good' or not.

What concerns me the most is whether he or she is 'good' for you or not.
Lucy, you are my lucky star.
And I hope I would be the same for you…
What do you say?

単語・熟語

the other way around：
その反対・vice versa とも表現できる

basics：
基本原理・基準
(複数形で使い、単数形 basic は形容詞として使うのが基本)

関係代名詞 what 2
What concerns me the most is〜

what が **the thing that / which** (ということ・もの)を表すことはすでに説明したが(※p24参照)、**what concerns me the most** は「私にとって最も気になる・気がかりなこと」という意味になる。

『ジョジョ』ファンにとって気になることといえば：
What concerns us the most is who the holy body belongs to. 遺体が誰のものなのか。
What concerns us the most is the future storyline of Part 8. 8部の今後の展開。
What concerns us the most is what Lucy did with the holy body. 遺体をどうしたか。
What concerns us the most is whether this book works or not. 本書は役立つのか。

最後の疑問はもちろん **unquestionable** (疑う余地なし)、ジョジョの名にかけて誓おう。

Part 7 STEEL BALL RUN SCENE 19 大陸横

★★★★　　日本語　　★★★★

ジョニィ：――これは『再生の物語』――
　　　　　文字どおり僕が再び歩き始める事になった
　　　　　いきさつ……………
　　　　　そして思い返せば　旅の間は
　　　　　ずっと「祈り」続け………
　　　　　この馬による大陸横断レースは
　　　　　「祈り」の旅でもあったのだ

　　　　　明日の天気を「祈り」　朝　起きたら
　　　　　目の前の大地に道がある事を「祈る」
　　　　　眠る場所と食料がある事を「祈り」
　　　　　たき火に　火がつく事を「祈る」

　　　　　このあたりまえの事をくり返しながら
　　　　　――――友と馬の無事を「祈る」
　　　　　そしてひとつひとつの河を渡る
　　　　　今――最後の河を渡り終わった――

文法解説

🗣 prayer　祈り

発音のひっかけ問題の定番なので知っている人も多いかと思うが、**prayer**【préə】の発音は単に **player**【pléiə】の l を r に変えただけでなく y の音は入らず **air** の発音になる。基本として「祈る人」という意味はなく、動詞としての **pray** は訳文を見てのとおり **pray for** ＋ **目的語** または **pray that** ＋ **主語** ＋ **動詞**、の二つの使い方に分かれる。

(SBR24巻「#95 星条旗の世界-OUTRO（アウトロ）」)

断レース、ここに幕を閉じる——

★★★★　英語　★★★★

Johnny：This is a "story of rebirth".
It is literally about how I got back on my feet.
Looking back, we were always living on a 'prayer' throughout the journey, and this transcontinental horse race was a journey of 'prayer'…

We would 'pray' for good weather for the following day.
'Pray' that there will be a road to follow on the land in front of us when we wake up.
'Pray' for food and for a place to sleep.
'Pray' that we could light the campfire.

On top of all these prayers… I 'pray' for my friend and our horses.
One by one, we cross the rivers.
And now, we've made it across the last river…

単語・熟語

rebirth：再生・復活
prayer：祈り
transcontinental：
　大陸横断の
※ Intercontinental は「大陸間の」

make it
We've made it across the last river.

make の基本の意味は「作る」で、たとえば何かを作って、誰が作ったの？と聞かれて **I made it.** なら「私が（それを）作りました」という意味になるが、よく使う口語表現では「やり遂げる」など様々な意味として使われる。

Yeah! I made it! よっしゃ！　やったぞ！
They finally made it to New York City. 彼らはついにニューヨークシティにたどり着いた。

Parte 5 VENTO AUREO
SCENE 20

★★★★　　日本語　　★★★★

ディアボロ：誰が言った言葉…………だったか…………
『我々はみな運命に選ばれた兵士』…
え？　くそ……　だが……　この世がくれた
真実もある…………
運命はこのオレに……
「時を飛ばし」………………
「予知」ができる能力を…授けてくれた…
間違いない……………それは明らかな真実だ…
この世の運命は
我が『キング・クリムゾン』を無敵の頂点に
選んだはずなのだ………
オレは『兵士』ではない
くそ──ッ!!　そのオレに対してッ!!
この手の中にッ！
あの「矢」がこの手の中にないッ！
よくもッ！　こんなッ！

こんなことで　このディアボロが
敗北するわけがないッ！

ここは『退く』のだ……………
「矢」から身を隠し反撃の時期を待つ…………
ここで一時『退く』のは
敗北ではない………………!!
オレは頂点に返り咲ける能力があるッ！

(JC63巻「王の中の王」)

帝王の誇りにかけて──!!

★★★★　英語　★★★★

Diavolo：Someone said… I forgot who, though… that "We are all soldiers chosen by fate"… Huh? Bloody hell… But there's also a truth that this world gave me…
I was given the ability by fate to make time 'vanish' and to 'foresee' the future. This is a clear truth… That's for sure… My "King Crimson" was appointed by fate as the most invincible…
I ain't no damn "soldier".

Dammit! And look what they've done to me!
The 'arrow' is not in my hand! It's not here! How could this possibly be!

Diavolo never goes down like this!

I'm "pulling out" for a while…
I'm gonna hide from the 'arrow', and wait for the chance to fight back…
A temporary "retreat" is a strategy, not a failure!
I have the power to get back on top!

☞ 単語・熟語

bloody hell：イギリス人がよく使う俗語
vanish：消える・消滅する
foresee：予見・予知する

文法解説

👉 会話ではよくある二重否定
I ain't no damn soldier.

ain't はここでは **am not** を省略した会話独特の発音をあえて文字化したもので、**wanna** や **gonna** などに比べても「べらんめえ」感の強いスラングだ。見てのとおり一文に否定の言葉が二つ（**not / no**）使われている。このような二重否定は文法的に NG だが会話ではよく耳にする。

I ain't got no money. 文無しだ。

この文を今の解説にしたがって解体すると **I am not got no money** ということでそもそも「**be + get** の組み合わせは文法的におかしい」になるが、**ain't = am not** は現代口語英語では **have not**、**is not**、**do not** などの代用としても会話では使われている。ここでは **have not**、つまり **have (not) got** となり **have got** は **have** の口語表現となる。よって **I have no money** と同じ、ということだ。

👉 文法的にOKな二重否定
ではここで文法的に合っている二重否定表現についてみてみよう。

It's not that I don't want to do it. 別にやりたくない、というわけではない。

文法的には問題ないものの、婉曲すぎて相手に意図が伝わりづらい、というのはあるだろう。できればやりたくない、でもやらないと言っているわけではない、という心情からくる苦し紛れのセリフともいえるが、そう考えると「ここで一時『退く』のは敗北ではない」も二重否定に言い換えられるのかもしれないが…むむう…帝王の誇りはどこへやら……

It's not that I am retreating because I can't beat him!
退くのはヤツに勝てないからというわけではないッ！

★★ 日本語 ★★ | ★★★ 英語 ★★★

プッチ神父：この夜空に さっき流れ星を
見た……「3つ」だった
3つ 確かに3つ流れたんだ
君はどこから来た？
自分たちが「何者」なのか
知っているのか？

そう…違う
だが…このハサミは あと
ほんの1ミリでわたしの神経を
一本切断できる位置を
貫通している

これは偶然だ
偶然 致命点をさけて
つき刺さったんだ

どうする？ 君の意志だが
ちょこっとハサミを
動かしてみるか？

だが その前に
君は「引力」を信じるか？
人と人の間には
「引力」があるということを
………………

Pucci：I just saw 'three' shooting stars in the night sky…
I saw three of them.
There were three for sure.
Where do you come from?
Do you know 'who' you really are?

No… You didn't do it.
But the scissors went right through my throat, and if they were slightly more to the left or right, it could have easily cut a nerve and killed me.

This is a coincidence.
It pierced my throat and just barely avoided the fatal spot.
So… What do you want to do next? If you want, you can move the scissors.

But before that, do you believe in the 'force of attraction'? …that there is a 'force of attraction' between two people?

★★★★　　　日本語　　　★★★★

プッチ神父：わたしは　今　それを信じた　君には　わたしを殺せないんだ

君はわたしの引力にひっぱられて
ここに来たのだ
クスリなんかでエネルギーを
消耗しているんじゃあない
気がついてないのか？
君のエネルギーは正しい方向へ使うのだ

そして　おまえたちは……
自分の父親が誰なのか……？
たぶん知らなかったようだが……
これから知ることになる

文法解説

☞　はい・いいえとYes/No　その1
No... You didn't do it.

「そう（**Yes**）…違う」ではなく、この場合は **No** なのだ。理由は **You didn't do it**、否定の **not** に合わせる必要があるからだ。日本語の「そう・はい・ええ」は否定表現でも使うが、英語では **No** になるので注意しよう。

Could you remove the scissors?
そのハサミをどけてくれるか？

Yes, I will. どける
No, I won't. どけ「ない」

(S012巻「病院に運ばれた3人の男」)

命に導かれた、DIOの子供たち

★★★★　英語　★★★★

Pucci : I did, just now. And you cannot kill me.

You are here because the force of attraction pulled you here.
Don't waste your energy with drugs.
Wake up.
You should know how to use your energy the right way.

And you don't seem to know who your father is… Well, you'll find that out soon enough.

👉 単語・熟語

scissors ：
　ハサミ
　（刃が二つあるので複数形）
pierce ：突き刺す
waste ：muda にする・ごみ

👉 はい・いいえとYes/No　その2
No… You didn't do it.

ではここで質問だ。「ハサミをどける」ならどっちだ？

Do you mind removing the scissors? そのハサミをどけてはくれぬか？

Yes, I do.
No, I don't.

答えは **No, I don't.** だ。なぜなら **remove**（どける）に対してでなくどけるということについて **mind**（気にする）するかどうかという問いだからだ。 **I don't**（mind）、気にし「ない」、だから **No**、そう、ひっかけだ。

Part 7 STEEL BALL RUN SCENE 22

★★★★　　　日本語　　　★★★★

大統領：たとえ話で…………………
　　　　君は　このテーブルに座った時…
　　　　ナプキンが目の前にあるが…
　　　　君はどちら側のナプキンを手に取る？
　　　　向かって「左」か？「右」か？

　　　　左側のナプキンかね？
　　　　それとも右側のナプキンかね？

ルーシー：普通は………「左」でしょうか
大統領：フム…………それも「正解」だ…
　　　　だが　この「社会」においては違う
　　　　「宇宙」においてもと言い換えていいだろう
ルーシー：………宇宙？　？
大統領：正解は『最初に取った者』に従う…だ
　　　　誰かが最初に右のナプキンを取ったら
　　　　全員が「右」を取らざるを得ない
　　　　もし左なら全員が左側のナプキンだ
　　　　そうせざるを得ない
　　　　これが「社会」だ………………

　　　　土地の値段は一体誰が最初に決めている？
　　　　お金の価値を最初に決めている者がいるはずだ
　　　　それは誰だ？
　　　　列車のレールのサイズや電気の規格は？
　　　　そして法令や法律は？
　　　　一体　誰が最初に決めている？

（SBR16巻「#61 ボス・サイド・ナウ その②」）

社会と宇宙を支配するルール!!

★★★★　英語　★★★★

Valentine: Let's suppose…you are seated at this table, and you see napkins in front of you on both sides. Which napkin would you pick up? The one on your left, or the one on the right?

Which one? The napkin on the 'left' or on the 'right'?

Lucy: Usually…the 'left', I suppose…
Valentine: Hmm…That's also 'correct'.
But not in this 'society', or should I say, not in this 'universe'.
Lucy: …Universe?
Valentine: The answer is, to follow the "first" one who picked up a napkin.
If the person picks up the napkin on his right, the rest would have no choice but to take the ones on their 'right'. If left, the rest would have to take the ones on their left side. That's what a 'society' is.

Who determines the price of a piece of land? There must have been someone who first determined the value of money. Who did that? What about the size of train rails, or the standard of electricity? What about laws and regulations? Who decided all these things?

👉 単語・熟語

suppose　：〜と仮定する

determine/decide：
決める・決定する

grab：
　ぐわしと掴む

尚、「ナプキンの法則」は
The Napkin Principle

★★★ 日本語 ★★★　　　　★★★ 英語 ★★★

大統領：民主主義だから
　　　　みんなで決めてるか？
　　　　それとも自由競争か？

　　　　違うッ!!
　　　　ナプキンを取れる者が
　　　　決めている！

Valentine： Did they go for a vote under majority rule? Or, could it have been free competition?
No! It was the one who first grabbed the napkin who determined the rules!

文法解説

👉 関係代名詞 what 3
That's what a society is.

またか、などと思わないでほしい。「**what** はこうやって使います―なるほど」で使いこなせるほどやさしいものではないし、はじめにも書いたとおり学習によって得た知識は練習、その繰り返しによってしか身につかない。以下は全て **That's what I** ～からはじめる文だというヒントを頼りに英作文してみよう。そして終わったら必ず音読練習をしよう。いずれもジョニィが口にしそうなセリフなので本人になりきってシャウトして、しっかり関係代名詞 **what** の使い方の感覚を掴んでほしい。

The body! ボクが欲しいのはそれだ！　▶ The body! That's what I want!
だからそう言ったじゃないか！　　　　 ▶ That's what I said!
たった今そう説明したじゃないか！　　 ▶ That's what I just explained!
だからそれをお願いしているんじゃないか！▶ That's what I am asking for!
だからそのことを話しているんだよ！　 ▶ That's what I am talking about!
だからずっとそう言っているじゃないか！▶ That's what I have been telling you!

ジャイロの最後のレッスン、Lesson No.5 は英語学習にも通じる、と書けば賢明な読者諸君であればすぐにピンとくるだろう。本書の全ての読者が必ず英語をものにできるよう最後にエールを送るッ！

There is no shortcut in English study.
英語学習に近道はない。

怒 ANGER/RAGE
怒り

「4つ」のものから
ひとつ選ぶのは縁ギが悪いんだ!
5つのものから選ぶのはいい!
3つのものから選ぶのもいい!
だが「4つ」のものから選ぶと
良くない事が起こるんだ

It's a bad omen to choose from 'four'!
Choosing from five is fine.
Choosing from three is okay, too.
But something bad is going to happen if you choose from 'four'!
（JC49巻「5プラス1」）

omen：前兆・縁起

ゆるさねえッ!
あんたは今 再びッ!
オレの心を『裏切った』ッ!

not just once but twice：一度ならず二度も

I'll give you no mercy!
Not just once, but twice you "broke" my heart!
（JC55巻「ブローノ・ブチャラティ その少年時代」）

きさまに オレの心は永遠に
わかるまいッ!

what＝関係代名詞

You'll never know what's inside my heart!
（JC56巻「キング・クリムゾンの謎 その①」）

あたしはあんたの事　完全に信頼して協力してやろうっていうのにずる賢こく　ごまかそうとしてるって事だな!?あたしの目を盗んで!

I put my full trust in you to cooperate with me on this, and you're trying to cheat me behind my back? Is that what you're trying to do!?
（SO1巻「囚人番号FE40536 空条徐倫 その③」）

you bastard：この野郎

てめーの事だけを考えてるのはよォーてめーの方だぞ　この野郎ォ────ッ

You're the one who's only thinking about yourself, you bastard!
（SO3巻「エルメェスのシール その⑤」）

手錠はなんのためにある？
逃がさないためにあるんじゃあない！
屈服させるためにあるッ！

What are handcuffs for?
It's not just to stop one from running away!
It's to make one surrender!
（SO11巻「ホワイトスネイク -追跡者 その⑤」）

安っぽい感情で動いてるんじゃあないッ！

Don't try to challenge me with a bogus emotion!
（SO15巻「ヘビー・ウェザー その⑪」）

bogus：偽の・いんちきの

rednecks：田舎者(俗語)

くそ田舎者どもッ！
オレは必ず社会の頂点に
立ってみせる！

Damn rednecks!
I'll be at the top of society some day!
(SBR6巻「#30 スケアリー モンスターズ その③」)

嫌な野郎だぜ…
ああゆーのが…　一番嫌なタイプだ………
あいつは本当にムカつくぜ

I hate this guy...
He's the kind of guy I just can't stomach...
That creep really gets on my nerves.
(SBR10巻「#40 サイレント・ウェイ その①」)

can't stomach：(煮ても焼いても)「食え」ない

だが　メス猫がッ！
その顔　ブチ抜いてやるわッ！　……ルーシー

blow off：吹っ飛ばす

You bitch!
I'll blow your face off, Lucy!
(SBR13巻「#50 チューブラー・ベルズ その③」)

切り裂いた首のその傷はッ！
オレがいた人間世界の悲惨の「線」だ…

throat：喉

The slash on your throat is the 'mark' of the cruel world I lived in.
(SBR19巻「#76 D４C その⑨」)

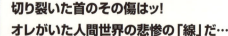

FEAR
恐れ

decade：10年

まるで「10年」も修羅場をくぐり抜けて
来たような……
スゴ味と……冷静さを感じる目だ………
たったの数分で　こんなにも変わるものか……

He's got cold blooded, serious eyes
...as if he's gone through a 'decade'
on the battlefields...
How could he change this much in
just a few minutes...
（JC53巻「偉大なる死(ザ・グレイトフル・デッド)　その⑪」）

bizzare：奇妙な（同義語strange, odd, weird）

何か……!!　奇妙だ!!
何かわからないが…!!
変な雰囲気だッ!

It's... totally bizarre!
I don't know what,
but something is strange!
（JC56巻「キング・クリムゾンの謎　その②」）

な…何が起こるんだ?
これから何が!!………
まさかまた
魂が入れ替わるのか?

What... What's gonna happen
next!?
It's not gonna be another round of
soul switching, is it!?
（JC63巻「ゴールド・E・レクイエム(エクスペリエンス)　その①」）

another round：もう1ラウンド

55

オレのそばに近寄るなああ―――――ッ

Don't come close to me!
（JC63巻「ゴールド・E・レクイエム その③」）
※エクスペリエンス

この背後のヤツが
『真の黒幕』ッ！ 目的はッ！
このオレだったッ!!

The guy behind was "pulling the wires"! Their target was me!
（SO3巻「面会人 その⑧」）

pull the wires：手綱を引く・絵図を描く

ああ…助けて　神様…
お…オシッコが………血だらけだよォオオオオ
血尿がァあ～～～

Oh, god, please help me...
My piss... It's all bloody!
I've got bloody piss!
（SO13巻「スカイ・ハイ その③」）

piss/pee：おしっこ(する)　医学用語はurinate

まっ待てッ！　知りたいッ！　教えてくれッ！
今　何が起こったのか　オレは知りたいッ！

sec：秒・ちょっと(secondの略形)

W...wait a sec!
I wanna know! You gotta tell me!
I've got to know what you just did to me!
（SBR1巻「♯3 ジョニィ・ジョースター」）

What (in) the hell はWhat in the world
(一体全体)から派生した俗語

おまえ何やってるんだ　ジャイロ・ツェペリ――ッ
スピードはともかく　理由(わけ)を言え―――ッ

**What the hell do you think you're doing, Gyro Zeppeli!
Forget about speeding, you're gonna have to explain why!**
（SBR3巻「♯13 保安官マウンテン・ティムへの依頼」）

ジョニィッ！　早く窓を閉めろォォォ――――――ッ
蝿の話じゃあねえッ！　気づかなかったのかッ！
近くになにかいるッ！

**Johnny! Shut the goddamn window!
I'm not talking about flies!
Didn't you notice?!
There's something near us!**
（SBR6巻「♯28 スケアリー モンスターズ その①」）

just around the corner：すぐそば・近く

『何か…』
『何かだな』
『いよいよの気がして来たぜ』

"I feel…"
"I feel like..." "the moment is just around the corner."
（SBR15巻「♯56 シビル・ウォー その①」）

まさか　わたしは　『無限』に「生き埋め」にされ続けていく
という事なのかッ！　このわたしに　こんな事がああアッ！！

**This can't be! Am I getting 'buried alive' again and again "endlessly"!?
How could this possibly happen to me!!**
（SBR22巻「♯87 ボール・ブレイカー その⑤」）

get / be buried：埋葬される

楽

HAPPY/HAPPINESS
楽しい

ヤッタゾ――ッ!!
さすがだ ジョルノ!
うれしいぜぇ――ッ
やっと伝わったぞ!

hellは強調のスラング

Bravo!!
Leave it to Giorno!　Hell yeah!!
I finally made him understand!
(JC57巻「クラッシュとトーキング・ヘッド その③」)

ラッキー♡
逆に増量したぜ～～～～
グビグビ

new lease on life：寿命が伸びる

Wow, I'm lucky♡
I've got a new lease on life.
Gulp Gulp
(SO4巻「取り立て人マリリン・マンソン その①」)

いいパンチしてるぜッ!
この野郎ッ!

got = have（持っている）

Great punch you've got there,
you bastard!
(SO7巻「看守ウエストウッドの秘密 その①」)

「あの方」が姿を現して下さったッ!
このわたしだけの目の前に!!

It was 'He' who made a divine
appearance!　Right in front of my eyes!
(SBR9巻「♯38 キャッチ・ザ・レインボー（嵐の夜に…）その①」)

divine：神の(形容詞)

圧迫よォッ!
呼吸が止まるくらいッ!
興奮して来たわッ!　早く!
「圧迫祭り」よッ!

Pressure!
So much I can't breathe!
I'm getting so excited! Come on, hurry!
It's 'domination' time!
(SBR13巻「♯49 チューブラー・ベルズ その②」)

domination：支配

時々　つくづく思うんだ
御先祖様ありがとうってね
（グラッツェ）

You know, sometimes I feel like
saying *Grazie* to my ancestors.
(SBR17巻「♯66 D 4 C その①」)
ディー・フォー・シー

お楽しみはここからだ………

And here comes the fun part...
(SBR24巻「♯92 ハイ・ヴォルテージ その③」)

here comes：(今から)来る

59

SORROW/GRIEF
悲しみ

オレに「来るな」と命令しないでくれ―――ッ!
トリッシュはオレなんだッ! オレだ!
トリッシュの腕のキズはオレのキズだ!!

don't ever = never

Don't ever order me 'not' to come!
Trish is me! We're one and the same!
The wound on her arm is the wound
inside my heart!
(JC56巻「キングクリムゾンの謎 その⑥」)

君は……ここに…おいて行く……
もう誰も君を……これ以上　傷つけたりは
しないように………………決して……

I'm leaving your body here...
so that no one will ever hurt
you again...ever.
(JC62巻「鎮魂歌(レクイエム)は静かに奏でられる その⑥」)

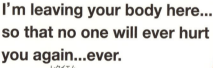

えと　その　どこの誰だって起こりうると思うのよ!
ローマ法王だって絶対に自分ではコントロールできないはず!
すぐに解決　しないと　別な意味で　かなり最悪

Umm...I think it could happen to anyone else!
I bet even the Pope couldn't control himself!
We've gotta settle this problem ASAP,
otherwise, it's going to be a real mess.
(SO5巻「サヴェジ・ガーデン作戦 その④」)

ASAP = as soon as possible : 可及的速やかに

ベッドの上で死ぬなんて期待してなかったさ
オレはカウボーイだからな
帰る所が欲しかっただけさ…………
旅に出たら　帰る場所がな…………

I didn't expect to die peacefully in bed.
'Cause I'm a cowboy.
I just wanted a place to go back to... a place to return to when I'm back from my trip...
(SBR9巻「♯37 緑色の墓標 その②」)

'cause = becauseの略形

おお……
……神よ……
あなたは…連れて行く子供を間違えた…………

Oh, Lord... You've taken the wrong child...
(SBR10巻「♯42 サイレント・ウェイ その③」)

Lord 神(同義語God)

……本当に……
「ありがとう」
それしか言う言葉がみつからない…

'Thanks'...thanks a lot...
That's the only word I can think of...
No other words come to mind...
(SBR22巻「♯86 ボール・ブレイカー その④」)

決 DETERMINATION
決意

尾行されないで帰りゃあいいんだろ！
命令は守る！

All I need to do is to return without being tailed, right!?
Will do!
（JC50巻「ナランチャのエアロスミス その①」）

Will do!：了解！（必ずやる）

オレは「正しい」と思ったからやったんだ
ボスは必ず倒す
後悔はない…こんな世界とはいえ　オレは
自分の『信じられる道』を歩いていたい！

I did it because I thought it was the 'right' thing.
I will take the boss down.
I've got no regrets about that...
Despite being in such a hopeless world,
I choose to follow the "path I can trust"!
（JC56巻「キング・クリムゾンの謎 その⑥」）

hopeless：希望のない

聞こえた？
『ストーン・フリー』よ……
これが名前

You heard me?
It's "Stone Free".
That's her name.
（SO2巻「ストーン・フリー その②」）

おまえから奪うべきものは3つ！
『父の記憶』と
今F・Fから盗んだ『DISC』と
おまえの『生命』だ

I've got three things to take back from you!
"My dad's memory", the "disc" that you just
stole from F.F. and your "life".
(SO11巻「ホワイトスネイク-追跡者 その⑤」)

これはもう
「爪」を超えた………
「牙」だ
これからは「牙」と呼ぶ！

It's gone beyond 'nails'...
It's a 'tusk'!
From now on, I'll call it a 'tusk'!
(SBR5巻「#27 牙(タスク) その③」)

tusk：牙(同義語fang)

オレもおまえを見習うか……
まじに遺体を探す事はよォ──
このオレを…
もしかしたら少しは成長させてくれるかもな

Maybe I should follow your example...
Seriously searching for the body
could help me grow a bit.
(SBR7巻「#32 3rd.STAGE ゴール.キャノン･シティ」)

63

友 FRIENDSHIP
友情

いい友情関係ってのには3つの『U』が必要なんだなあ………！　3つの『U』
ああ…1つ目はな………「うそをつかない」だ
2つ目は「うらまない」…
そして3つ目は相手を「敬う」…

There are three important "Dos" and "Don'ts" to maintain a good friendship. Okay, rule number one – 'Don't lie.' Rule number two – 'Don't blame.' The last one is, 'Show respect' to your counterpart.
（JC47巻「黄金体験 その②」）

Dos and Don'ts：やっていいこといけないこと

あとは………ジョルノ…
まかせたぞ………………

Alright, Giorno...
You take care of the rest.
（JC63巻「ディアボロ浮上 その⑤」）

去ってしまった者たちから受け継いだものはさらに『先』に進めなくてはならない!!

I've gotta be sure to move "forward" with what I received from the deceased!
（JC63巻「眠れる奴隷 その⑤」）

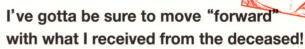

what = 関係代名詞

おまえの気持ち……なんだか良く理解できないが……おまえらとはもう闘う気がしないそして……わたしの負けだ………完璧に

I...don't quite understand what you're thinking, but I've had enough of fighting with you. And I give up... You completely beat me.
(SO4巻「フー・ファイターズ その②」)

don't quite：いまいちよく〜ない

なんか……急に涙が出て来て……
おもいっきりさ——
あんたのとこで泣きたいんだけれど……
そんな時間…
泣いてる余裕なんてないかもしれない

I don't know why...but my eyes are welling up with tears... I wish I could cry my heart out to you...but seems like we've got no time for that.
(SO7巻「愛と復讐のキッス その⑦」)

well up：湧き出る・こみ上げる

行けってッ!
ゴールまでは一緒に行くと約束したが
お互い競争相手(ライバル)でもあるぜ

tag along = go along

I said, "Go!"
I promised to tag along with you to the goal, but we are competitors as well.
(SBR3巻「♯14 アリゾナ砂漠越え 最短ルートを進め」)

65

苦 ANGUISH
苦悩

あたしはどうしても知りたい！
自分が何者から　生まれたのかをッ！
それを知らずに殺されるなんて
まっぴらゴメンだわッ！

I've got to know who I am!
I want to know who gave birth to me!
There's no way I'll be killed without
even knowing that!

（JC56巻「ガッツの「G」」）

1492年新大陸発見コロンブス
ミッキーマウスの誕生日は11月18日！
絶対正しい……

Christopher Columbus discovered the New
World in 1492 (fourteen ninety-two).
Mickey Mouse was born on November 18th!
They can't be wrong…

（SO3巻「エルメェスのシール その①」）

あたしたちはうまくいっていない
なぜなら　あたしが彼の「権力」と「財力」を狙って結婚したから

We're not getting along well with each
other.　It's because I married him for his
'power' and 'fortune'.

（SBR13巻「#49 チューブラー・ベルズ その②」）

get along well：仲が良い

66

オ…オレは今まで……………
「正しい道」を進んでいれば
必ず「光」が見えるはずと信じて来た……
勝利の方向を示す「光」が必ずどこかにあると
だから　この地まで進んで来れた……
だが　今はどこにも！
………そんなバカな！　どこにも見えないッ！

I...I've always believed that I could see the 'light' as long as I followed the 'right path'...that there would be a 'light' showing me the way to victory...
That's why I could make it all the way here.
But...Where is it!?
This can't be! I can't see it anywhere!
(SBR14巻「#54 壊れゆく鉄球 レッキング・ボール その④」)

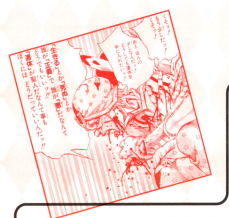

「生きる」とか「死ぬ」とか
誰が「正義」で　誰が「悪」だなんて
どうでもいいッ！！
「遺体」が聖人だなんて事も
ぼくには　どうだっていいんだッ！！

I don't care about 'living' or 'dying', or who's 'good' and who's 'bad'!
I don't give a damn whether the 'body' belongs to a saint or whoever!
(SBR18巻「#72 涙の乗車券 その②」)

don't give a damn(俗語)：知ったことじゃない・どうでもいい

67

愛 LOVE
愛情

でも君はこれからブチャラティの事を
わかりたくって　しょうがないってわけだ
ま…　今はローマに無事着く事が重要だよ
後でゆっくり自分の気持ちに気づくんだね

So, you want to know more about Bucciarati.
That's what you want.
Well, in the meantime, the priority is to reach
Rome safely, so you can take your time later
to find out how you feel about him.
（JC60巻「『グリーン・デイ』と『オアシス』その①」）

what = 関係代名詞

幸せだ……今……とても…
――――いつか……
あんたのような人と
めぐり逢って……死ぬまで
いっしょに暮らしたいなぁ〜

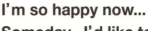

I'm so happy now...
Someday...I'd like to meet
someone like you...and live
happily together until I die...
（SO3巻「エルメェスのシール　その②」）

それだ…それがいいんだ
もっと見つめてほしい
その瞳……もっと君に……

That's right...That's what I want.
I want you to look at me...
with those adorable eyes...
（SO9巻「燃えよ龍の夢　その⑦」）

what= 関係代名詞　　adorable：愛らしい

付いてくる女の子と
付いてこない女の子を見分ける方法知ってるか？
そこの「木」と比べて頭悪そうと思ったら声をかけろだ

Wanna know how to tell easy girls from ones who are hard to get?
Just compare her with that 'tree' over there, and if you think she is dumber than the tree...Make a move.
（SO14巻「ヘビー・ウェザー その②」）

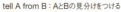
tell A from B：AとBの見分けをつける

どんなに貧しくても気高さだけは忘れてはいけない
もっと大きくなって………………
そうなって…
………………お母さんの事を守ってね……………

No matter how poor you are, you've gotta always have your pride. Grow up, my boy...grow up and be strong...and protect your mom...
（SBR6巻「♯30 スケアリー モンスターズ その③」）

誓いを立てて結婚したなら
夫のために守り続けろォ―――――ッ!!

If you made a vow when you got married, keep that oath to your husband!
（SBR10巻「♯40 サイレント・ウェイ その①」）

vow：誓い（同義語 oath）

JOJOのトラベル英会話

ナポリ空港でいきなりトラブルに巻き込まれてしまった広瀬康一。何とかスタンドの力で切り抜けられたが、現実は甘くないぞ！

両替編

承太郎

康一くん、お金を受け取った後、係員の目の前できっちりとお金を数えたか？

ちょろまかす輩もいるのでどんなに後ろに人が並んでいても金額は必ず確認しよう。少額紙幣が欲しい場合、一番簡単なのははじめにもらった札束から一番金額の大きな紙幣を2、3枚出して、Can you break this to smaller bills? などとリクエストすること。仮に断られてもめげずに根気強く交渉しよう。

タクシー編

承太郎

康一くん、もし君が明らかにイタリア語を話せないと分かれば、代わりに君の学ランがカッコいいと褒めてくる、それが彼らの手口だ。まともに答える必要はないぞ。

旅先が決まった時点で事前に必ず覚えておくべき現地語はやはり「ありがとう」だろう。この場合、軽く一言Grazieと返せば十分だ。妙にフレンドリーだったり、なぜか(!?)自分の名前を知っていたり…空港で近づいてくるアヤシイ連中には関わるな！

食事編

ギアッチョ

なんで「ピッツァ」じゃなくて「ピザ」って呼ぶんだよォ〜〜〜　オメーは「ゼッペリ」じゃなくて「ツェペリ」だろォ〜〜〜〜

ついでに「ミケランジェロ Michelangelo」は英語では「マイケランジェロ」って呼ぶんだよォ〜〜〜　それって、納得いくかァ〜〜、おい？

モッツァレラ・ピッツァをください。
Can I have the mozzarella pizza?

ペパロニ・ピッツァをもらおうかな。
I'll take the pepperoni pizza.

注文する際に使う動詞はhaveまたはtake。eat/drinkは飲食の行為そのものを指す。ペパロニ（ピリ辛サラミ）はアメリカでは定番中の定番。

70

Giorno

ジョルノ

> I really hate to repeat myself when something needs to be said just once.

本当は一ペンでいい事を2度言うのは嫌いなんだ
(JC47巻「黄金体験 その③」)

accomplish：達成する（同義語achieve/fulfill）

> I, Giorno Giovanna, have a dream of faith to accomplish.

この　ジョルノ・ジョバァーナには
正しいと信じる夢がある
(JC48巻「ギャング入門 その④」)

innocent：無実の（反意語guilty有罪の）

> You're telling me that murder can be justified when someone has been "insulted"?
> Alright… What you said just now is something really important.
> You 'insulted' the life of that innocent old man.

『侮辱する』という行為に対しては殺人も許されるだって？
なるほど……おまえの言う事は本当に大切な事だ
おまえは　あの無関係のじいさんの『命を侮辱した』
(JC49巻「ギャング入門 その⑥」)

72

It would be easy for them to find us if we "just stole one car". But if we "stole a hundred", it would be difficult to locate us because they wouldn't know which car we were driving.

『一台盗めば』あっという間に見つかってしまうでしょう
だが『一〇〇台盗めば』どの車に乗っているのか…
見つけるのは困難になるでしょう
(JC54巻「ベイビィ・フェイス その③」)

People learn a lot more from 'failures' than from successes.
Thanks to your ability to change objects into 'parts', I was able to further develop my 'Gold Experience'.

人というのは成功や勝利よりも
「失敗」から学ぶ事が多い……………
「部品」にする君の能力……………君のおかげで
ぼくの「ゴールド・E（エクスペリエンス）」はとにかく成長できた
(JC54巻「ベイビィ・フェイス その⑥」)

loser：敗者

I'm sure you understand, Mista, that our priority is to get that 'thing', and getting 'it' will bring us victory and make him a 'loser'.

理解してると思いますが　ミスタ…ぼくらの最優先は
「例のもの」をゲットする事であり　「あれ」を手に入れる事が
ぼくらの勝利でありヤツの「敗北」です
(JC55巻「ホワイト・アルバム その③」)

A 'resolution' is not a matter of sacrificing!
A 'resolution' is to carve out a path in the dark wilderness!

「覚悟」とは……………………
犠牲の心ではないッ!
「覚悟」とは!! 暗闇の荒野に!!
進むべき道を切り開く事だッ!
(JC55巻「ホワイト・アルバム その⑥」)

A 'ladybug' is the bug of the sun. The sun brings us fortune.

「てんとう虫」はお天とう様の虫です…
幸運を呼ぶんです
(JC55巻「ボスよりの最終指令」)

The 'truth' is the only thing that survives in this world…
"Actions" that come from "faith" will never die……

生き残るのは……………
この世の「真実」だけだ……
真実から出た『誠の行動』は…………
………決して滅びはしない………
(JC63巻「ゴールド・E・レクイエム その①」)

Bucciarati

ブチャラティ

"I will carry out my mission" and "I will protect my men." Having to do "both" is the tough part of being a 'leader'.

『任務は遂行する』『部下も守る』
「両方」やらなくっちゃあならないってのが
「幹部」のつらいところだな
(JC53巻「偉大なる死 その⑥」)

That's why I'm gonna make it clear to him that I'm more "prepared" than he is and I have what it takes to take him down!

だから見せつけるしかないんだ！　この男の能力を倒すには！
こいつ以上の『覚悟』がある事を!!
(JC53巻「偉大なる死 その⑨」)

'I'll kill you' is something that you should say…only when you're finished doing it. That's the way it is in the 'gangster world' we live in.

「ブッ殺してやる」ってセリフは…終わってから言うもんだぜ
オレたち「ギャングの世界」ではな
(JC53巻「偉大なる死 その⑪」)

puke（動詞・俗語）：吐く（同義語 throw up, vomit）

> Taking advantage of the innocent is so "evil" it makes me want to puke!

吐き気をもよおす『邪悪』とはッ！
なにも知らぬ無知なる者を利用する事だ……！！
（JC55巻「ブローノ・ブチャラティ その少年時代」）

> Three seconds! I'm sure you're prepared… "Sticky Fingers"!…to take this!

3秒!!
覚悟を決めてると………
『スティッキィ・フィンガーズ』！
みなした！
（JC59巻「キング・クリムゾンV.S.メタリカ その⑥」）

> My 'life'…already ended at that point.

オレの「命」は…
あの時　すでに終わっていたんだ
（JC60巻「『グリーン・ディ』と『オアシス』その④」）

> Well, I suppose this is what happiness is all about… This is just fine. Don't worry…Send my regards to everyone.

幸福というのはこういうことだ……………
これでいい
気にするな……………
みんなに　よろしくと言っておいてくれ…
（JC63巻「ディアボロ浮上 その⑤」）

Mista

ミスタ →

I knew it…This is bad…really bad…
'Four' is always the worst number…
ever since I was a kid…
The hands of fate move in ways that we can't see…

や…やはり最悪だった……縁起悪ィーぜ……
「4」て数はいつも最悪なんだ……
ガキの頃からそうなんだ…
見えない因果関係つーのは
あるんだよな……

(JC50巻「セックス・ピストルズ登場 その⑤」)

Fugo

フーゴ →

treat：おごる・おごり

I want to treat him to spaghetti.
Got a problem with that?!

こいつにスパゲティを食わしてやりたいん
ですが かまいませんね!!

(JC50巻「ナランチャのエアロスミス その③」)

last ditch：土壇場

> Giorno! I pay my respect to your last ditch attempt!

ジョルノッ！　おまえの命がけの行動ッ！
ぼくは敬意を表するッ！
（JC52巻「マン・イン・ザ・ミラーとパープル・ヘイズ その⑦」）

Narancia

ナランチャ →

incomplete≒uncompleted

> My mission to go "shopping"…
> ahh ahh…is "incomplete"…

『買い物して来い』って　ハァー　ハァー
命令……………『未』完了………
（JC51巻「ナランチャのエアロスミス その⑧」）

Ciao(伊)：こんにちは・さようなら両用

> We're all leaving *Venezia*…
> yes, we will…as if nothing happened…
> Ciao…
> Vola Vola Vola Vola Vola Vola Vola Vola Volare Via (Fly away)

オレたちはよォ………このヴェネツィアを
………何事もなく…みんなで脱出するぜ
それじゃあな……
ボラボラボラボラボラボラボラボラ
ボラーレ・ヴィーア（飛んで行きな）
（JC57巻「クラッシュとトーキング・ヘッド その⑦」）

Abbacchio

アバッキオ

I'll never let him get the 'key'… With all my 'pride' and 'dignity', I, Leone Abbacchio, will protect this 'key'!

「鍵」だけは……絶対に……渡さねえ…
「誇り」と「面子」にかけて…………
この「鍵」だけは………
このレオーネ・アバッキオが守る!

(JC52巻「マン・イン・ザ・ミラーとパープル・ヘイズ その⑤」)

Trish

トリッシュ

concentrate：集中・注力する

But they're different… Their priority is to take action for what they believe is 'right'… rather than concentrating on their own future or safety…

でもジョルノたちは違う…自分の未来や安全よりも…
「正しい」と信じる事のために行動している………

(JC58巻「ノトーリアス・B・I・G その④」)

Tai Chi (Chuan)：太極拳

> Move slowly!
> Just like Tai Chi that the Chinese do!

ゆっくり進むのよ!
中国人のする太極拳の動きのように!
（JC58巻「ノトーリアス・B・I・G その⑤」）

Koichi

康一 →

first time in ○ years：○年ぶりに

> After this, for the first time in two years, I will be reminded about the destined rule that 'Stand users' will be attracted to each other…

このあと　ぼくは「スタンド使い」は「スタンド使い」とひかれ合う…
この運命的ルールを…実に　2年ぶりに思い出す事になる
（JC47巻「黄金体験 その①」）

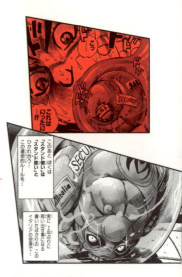

> I could feel the "Heart of Justice" in his words.

ジョルノの話の中には『正義の心』があったんだ
（JC49巻「ギャング入門 その⑥」）

Polnareff

ポルナレフ

proceed：進む

> Proceed to Rome.
> This 'arrow' is the only way to finally put that man down.

**ローマに来ルノダ
この「矢」はアノ男を倒ス
タッタヒトツの最後の手段ナノダ!!**
(JC59巻「プロント！通話中 その①」)

> The 'fear' of this 'arrow' that I got after the battle in Egypt 12 years ago …will not end unless 'they' come here!

**12年前エジプトでの闘争のあと手に入れた
この「矢」のもたらす「恐怖」は…
「彼ら」が来なくては終わる事はない！**
(JC61巻「『グリーン・ディ』と『オアシス』その⑫」)

be rejected：拒絶・拒否される

> Look at 'their' backgrounds… How ironic… "They" have become gangsters because they were rejected by society, and now they're trying to stop the world from becoming "evil"…

**この「彼ら」の略歴　皮肉なものだ…
社会からつまはじきにされたがゆえに　ギャングになった『彼ら』が…
この世界が『邪悪』に向かうのを止めようとしてるのだからな…**
(JC61巻「『グリーン・ディ』と『オアシス』その⑬」)

Other Characters Part 5

警察官／ナレーション

I believe the most important thing is the 'willingness to go towards the truth'.

大切なのは「真実に向かおうとする意志」だと思っている
（JC59巻「今にも落ちて来そうな空の下で」）

Here's the thing!（口語）：こういうことだ！

Some say that "fate is something you carve out by yourself".
But here's the thing! We must acknowledge that there are "unavoidable circumstances" where you don't get the chance to choose the right decision at your own will!

**『運命とは　自分で切り開くものである』と
ある人はいう…しかしながら！
自分の意志で正しい道を選択する余地などない
『ぬきさしならない状況』というのも
人生の過程では存在するッ！**
（JC55巻「ブローノ・ブチャラティ その少年時代」）

Jolyne 徐倫

be reflected：反映される

If you look at it carefully, the signs are reflected in the body.

よーく観察すると印は肉体に現れてる
(SO1巻「石作りの海 その①」)

efficient：効率的

It means that natural power is more efficient than the 'power' of thread…

糸の「力」よりも自然の力の方が効果的ってこと………よ
(SO1巻「石作りの海 その③」)

solid：固形の

When threads come together to become firm bundles, they become "solid"! That's the concept!

線が集まって固まれば『立体』になるッ！この概念!!
((SO2巻「ストーン・フリー その②」)

> We're not done with the 'betting' yet. What do you wanna bet if I said we'll play catch one thousand times?

「賭け」はまだ終わっていない
あたしたちがこれから１０００球投げ続けるって言ったら
あんた何を賭ける？
（S05巻「取り立て人マリリン・マンソン その④」）

> I'm afraid I have to get used to the term, 'tough job'.

「力業」って言葉……好きになるしかないようね
（S05巻「サヴェジ・ガーデン作戦(中庭へ向かえ!) その①」）

> "One guy sees the wall", and "another guy sees the stars through the iron bars"… Which one am I?

『ひとりの囚人は壁を見ていた』……
『もうひとりの囚人は鉄格子からのぞく星を見ていた』
あたしはどっちだ？
（S08巻「看守ウエストウッドの秘密 その⑥」）

> I "feel" it now…
> I could feel my dad in my body.

『通じた』のよ……今……父さんを理解出来たと
体で感じる……
（S09巻「父・空条承太郎 娘・空条徐倫」）

> I'm Jolyne Cujoh!
> We've gotta 'put a seal' on what he's got!

あたしは空条徐倫ッ
あいつが得たものを「封印」しなければならないッ!
(SO11巻「JAIL HOUSE LOCK! その①」)

past record：過去の記録

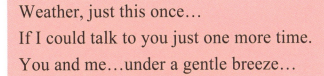

> I will never let you dig up the
> past record from the 'hole'.

「穴」とともに過去の出来事をもう
おまえに掘りおこさせたりはしない
(SO14巻「アンダー・ワールド その⑥」)

> Weather, just this once…
> If I could talk to you just one more time.
> You and me…under a gentle breeze…

ウェザー　もう一度………もう一度話がしたい
あなたと　そよ風の中で話がしたい
(SO16巻「ヘビー・ウェザー その⑬」)

> I see a light of hope in your philosophy.
> It's definitely not driven by darkness…
> Even if there's only one road to choose
> from, it will work out if there is a
> glimmer of hope.

あなたの考えには希望がある　暗闇なんかじゃあない…
道がひとつしかなくても　それにかすかでも考えがあるなら
それは　きっと　うまくいく道
(SO17巻「メイド・イン・ヘブン その⑤」)

Jotaro

承太郎

It's a good thing to convey your ambition to people's hearts. But that often creates a 'scum' called 'hatred'…

人の心に何かを伝えるというのはすばらしい事だ
だが時として「カス」が残る
「恨み」というカスがな…
（SO2巻「面会人 その②」）

Give me a break… This is too heavy!

やれやれだ………ヘヴィすぎるぞ！
（SO2巻「面会人 その⑤」）

As long as Jolyne holds on to that tough spirit… I'm sure she'll survive.

徐倫の………この精神力なら………
無事に生きのびる………な………
（SO3巻「面会人 その⑨」）

Ermes

エルメス

People usually don't feel happy when "Monday is coming".
But we can live with it when we think a "fun Saturday is just around the corner".
It's not always Monday, you know!

人はみんな『あしたは月曜日』ってのは
嫌なものなんだ　でも…
必ず『楽しい土曜日がやってくる』って思って生きている
いつも月曜ってわけじゃあないのよ！
(SO3巻「エルメスのシール その⑤」)

'Revenge' is to settle your own fate!

「復讐」とは自分の運命への決着をつけるためにあるッ！
(SO7巻「愛と復讐のキッス その⑥」)

And here's another one for Gloria!
And here's more! More! More!
More! More! More! More! More!
Take one more!

グロリアのぶんだあああ————ッ
これも！これも！これも！これも！これも！
これも！これも！これも！これも！
(SO7巻「愛と復讐のキッス その⑦」)

87

Foo Fighters
F・F →

spontaneously：自発的に

> There's nothing good about forcing or pushing things. You have to change yourself spontaneously— That's what I believe. If you want respect from others, you've got to change yourself. Don't you think so?

無理矢理はいい事がない　自分からさー変わらなきゃ……
そー思うわけ
他人から認められたいなら自分を変える　だろ？
（S06巻「愛と復讐のキッス　その①」）

> I'll do anything, man!
> If you can take me down to 'solitary', I'll do anything you want!

あたしはなんでもするゼッ！
もしあたしを「懲罰房棟」まで連れてってくれる事が出来るならッ！　礼ならどんな事でもする！
（S07巻「その名はアナスイ」）

> I get brave when I think about Jolyne.
> This is my 'memory'…This is an 'intelligence'.

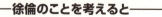
──徐倫のことを考えると──
勇気がわいてくる
これこそが「思い出」なんだ…………これが「知性」なんだ
（S010巻「AWAKEN-目醒め　その①」）

Anasui
アナスイ

Get yourself prepared.
Prepare yourself to regret the day you were born to this world!

用意をするんだ
てめーがこの世に生まれて来たことを後悔する用意をだ!
(SO10巻「ヨーヨーマッが来る! その⑤」)

You can spend the rest of your life chasing us with a frog's mind!

カエルの気持ちになって　一生追跡して来な……!!
(SO10巻「F・F-目撃者 その①」)

'Powers of concentration'…
Perhaps I'm here because I'm attracted to Jolyne's 'concentration'. I can see it in the way she can look at one thing.

「集中力」…………か……
徐倫のひとつの事をみつめるあの「集中力」……
きっとオレは彼女のそれに引きつけられてここにいるのだ
(SO10巻「AWAKEN-目醒め その③」)

don't give a damn（俗語）：don't care（気にしない）

> You survive! I don't give a damn what you do to my body!

おまえが生きろッ！
オレの体を何してもかまわないッ！
（SO11巻「新月の時！ 新神父」）

二重否定の用例（SCENE 20文法解説参照）

> It ain't no Disney without no Mickey!

ミッキーがいなきゃあ　ディズニーじゃあねえッ！
（SO12巻「自由人の狂想曲」その①）

> But I can risk my life for those who brought me back to life.

だが　死んでいたオレを生き返らせて
くれたもののためには命を懸けれる
（SO16巻「ヘビー・ウェザー その⑬」）

Emporio

エンポリオ

> Something even worse than dying is going to happen to everyone.

死ぬ事以上に不幸な事が起こるんだよ
（SO2巻「面会人 その①」）

He has a habit of stretching and walking on tiptoes.
He never watches TV, but loves to read the TV guide. He doesn't open his mouth when he talks, and because he brings his face so close you can actually feel the warmth of the breath from his nose.

背のびしてつま先で歩くのが彼のくせで
TVガイドマニアだけどTVはみない
話をする時は口を開かないで　顔を近づけて
どアップでしゃべるから
ちょっと鼻息がなまあたたかい
(SO5巻「サヴェジ・ガーデン作戦(中庭へ向かえ!) その①」)

Don't you understand?
You lost to your 'fate'!
Following the 'path of justice' is what 'fate' is all about!

わからないのか?
おまえは「運命」に負けたんだ!
「正義の道」を歩む事こそ「運命」なんだ!!
(SO17巻「ホワット・ア・ワンダフル・ワールド」)

Emporio…That's my name……
My name is Emporio.

エンポリオ
ぼくの名前は………
ぼくの名前はエンポリオです
(SO17巻「ホワット・ア・ワンダフル・ワールド」)

Weather

ウェザー

disgusting：反吐が出るような

You don't seem to recognize that you're "evil"…the most disgusting and black "evil" in this world…

おまえは………自分が『悪』だと気づいていない…
もっともドス黒い『悪』だ…
（SO16巻「ヘビー・ウェザー その⑫」）

Other Characters Part 6

弁護士／ペルラ

It's a 'charm', I suppose. It looks like your divorced father told your mother to give it to you for when you are in trouble.

「お守り」のようだよ
なんでも　離婚した君のお父さんが娘の君が困った時に渡すようにとお母さんに言ったらしい
（SO1巻「石作りの海 その①」）

Not even a raindrop will ever fall inside my heart…

あたしの心の中にはもう……雨が降る事さえない
（SO15巻「ヘビー・ウェザー その④」）

Johnny ジョニィ

A race is a race…
You don't have to wait for me…
As soon as I wipe off the blood, I'll catch up with you!

レースはレースだ…………………
オレを待つ必要はない……………
血をふいたら　すぐに行くッ！
(SBR3巻「#14 アリゾナ砂漠越え 最短ルートを進め」)

I was so grateful that a worthless guy like me was given something to live for.

こんな　とるにたらないこのボクに生きる目的が
出来た事に本当に感謝したんだ
(SBR5巻「#27 牙(タスク) その③」)

follower：フォロワー・追いかける者

You're a "follower"! You just follow whatever comes your way!

君は『受け継いだ人間』だ！
(SBR7巻「#32 3rd.STAGE ゴール.キャノン・シティ」)

You have to be 'hungry' to win.
But you gotta be more noble and far 'hungrier' than Dio!

「飢えなきゃ」勝てない
ただし　あんなDioなんかより
ずっとずっともっと気高く「飢え」なくては！
（SBR7巻「♯32 3rd.STAGE ゴール.キャノン.シティ」）

Somehow it sticks in my ears!
Especially that Rella-Rella part.

耳にこびりつくんだよ！　レラレラのとこが
（SBR10巻「♯41 サイレント・ウェイ その②」）

unsure = not sure

Gyro… If you're unsure…
"Don't shoot".
But now, my mind is "clear".

ジャイロ……迷ったなら『撃つな』……………だ！
だが　もう『迷い』はない
（SBR15巻「♯59 ゲティスバーグの夢」）

be stuck = 行き詰まる

I'm still stuck on 'minus'!
I want to move towards 'zero'!
All I want is to get the 'body' and go from 'minus' back to 'zero'!

ぼくはまだ「マイナス」なんだッ！
「ゼロ」に向かって行きたいッ！
「遺体」を手に入れて
自分の「マイナス」を「ゼロ」に戻したいだけだッ!!
（SBR18巻「♯72 涙の乗車券 その②」）

Dammit, all you bastards…
Now it's our turn to go after you guys!

どいつもこいつもおまえらを!!
今度追撃するのは僕らの番だ!!
(SBR19巻「♯73 D 4 C その⑥」)

I'm not gonna let anyone take it from me…
I'm the only one who has the right to put an end to this!

絶対に渡さない……………
決着をつける権利はぼくにだけあるッ!!
(SBR23巻「♯90 ハイ・ヴォルテージ その①」)

shoot out：銃のように言い「放つ」イメージ

I wish I could shoot out some tough words like Gyro would in this situation.

この状況…ジャイロのように……タフなセリフを吐きたい
(SBR24巻「♯92 ハイ・ヴォルテージ その③」)

Bon voyage!(仏)：良い旅を！　太平洋はPacific Ocean

Let me "pray"…pray for a *bon voyage*.
Across the Atlantic Ocean,
I'm taking you home.
Yeah…Let's go home…

『祈って』おこうかな………航海の無事を………
この大西洋を渡って家に帰ろう……
家に…帰ろう…
(SBR24巻「♯95 星条旗の世界-OUTRO」)

95

Gyro ジャイロ

> Just give me the receipt if you've finished counting the money. And make sure to spell 'my name' right on it. And don't forget to fill in the date. Nyoho

いいから金を数えたなら
さっさと出しなよ……領収書を
領収書に「上」様はダメだぜ
今日の日付もキチッと入れろよ　ニョホ

（SBR1巻「♯2 ジャイロ・ツェペリ」）

> It's about how I can change his 'lucky streak' and stop the power that's giving him luck.

どこかでこいつの「ツキの流れ」を変えて
ブチ切れるかどうかだ

（SBR2巻「♯10 最終直線 残り2,000メートル」）

> My plan is not gonna change… from the very beginning… I hope…

ぜんぜん予定どおりな事には変わりがねえ…………
最初っからな
たぶんだけど…

（SBR2巻「♯10 最終直線 残り2,000メートル」）

be sentenced to death：死刑を宣告される

> I've got no idea how great the "body of the saint" is, but the 'power of the saint' won't teach us how to make money or teach us how to make girls happy, you know.
> And it's not gonna make someone who was sentenced to death become not guilty.

いくら『聖人の遺体』がスゲェからっていっても
『聖人の力』が金儲けを教えてくれたり
女の子の喜ばせ方　教えてくれたりはしねーんだからな
死刑の人間を無罪にしてくれたりもよ
(SBR7巻「♯31 スケアリー モンスターズ その④」)

> Numbers are universal.
> They could be 'predictions'.

数字には普遍性がある
「予言」てやつかもしれない
(SBR7巻「♯33 男の世界 その①」)

> 'Consent' is top priority above anything!
> Otherwise, I can't move 'forward'!
> I can't find my way 'anywhere'! Not even the way to the 'future'!

「納得」は全てに優先するぜッ!!
でないとオレは「前」へ進めねえッ!
「どこへ」も！「未来」への道も！
探す事は出来ねぇッ!!
(SBR8巻「♯35 男の世界 その③」)

> Well, if we're this close, neither of us is gonna miss, man!

そして　この距離ならよォォォ──
もう　お互い　絶対にはずしっこねえぜ
(SBR8巻「#35 男の世界 その③」)

> Excuse me, sirrrrrr〜〜〜

そこちょっと失礼(し・トゥ・れい)ィィィィィ〜〜〜
(SBR8巻「#36 緑色の墓標 その①」)

> Alright, here's another shot. The only thing you can do now is to 'prepare' yourself! Prepare yourself for what's gonna happen to you after you get this.

いいか…もう一発いくぜ
これから　おめーにできる事は「覚悟」それだけだぜ！
これをくらったあとの覚悟だけな
(SBR9巻「#39 キャッチ・ザ・レインボー(嵐の夜に…) その②」)

detour：遠回り・回り道

> I've always thought about taking the short cut during this Steel Ball Run race, but I was wrong. "The detour was the best shortcut." "The short cut was to choose the long way round."

オレはこのSBRレースでいつも最短の近道を試みたが
『一番の近道は遠回りだった』
『遠回りこそが俺の最短の道だった』
(SBR21巻「#84 ボール・ブレイカー その②」)

Steel

スティーブン／ルーシー

> A failure! - Listen up!
> A true "failure" looks down on those without the pioneer spirit and is apathetic about taking the risks!

失敗というのは…………
いいかよく聞けッ！
真の『失敗』とはッ！
開拓の心を忘れ！
困難に挑戦する事に無縁のところにいる者たちの事をいうのだッ！

(SBR1巻「#1 スティール・ボール・ラン 記者会見」)

> Well, let me explain then…that there actually is a way to run at a speed of 40 kilometers per hour…

いいか　解説してやるよ
時速40キロを出せる走り方が
あるという事をな……

(SBR2巻「#10 最終直線 残り2,000メートル」)

> The name Lucy means nothing without the family name of Steel.

スティールという姓あってこそのルーシー

(SBR9巻「#37 緑色の墓標 その②」)

99

Mountain Tim

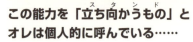
マウンテン・ティム

stand firm：固い意志を示す

> I personally call this ability a Stand. I took it from phrases such as 'standing firm' or 'standing up' to challenges…

この能力を「立ち向かうもの(スタンド)」と
オレは個人的に呼んでいる……
（SBR4巻「♯18 悪魔の手のひら その②」）

FとはFailure（不合格）の略

> Oops…It looks like we've got a jackass here who can't communicate properly. Did you know that you'll get an F on your test if you answer a question with a question, you idiot?

おっと　会話が成り立たないアホがひとり登場〜〜〜
質問文に対し質問文で答えると
テスト0点なの知ってたか？　マヌケ
（SBR4巻「♯21 ジャイロ・ツェペリの宿命 その②」）

> I appreciate your becoming my umbrella… but did you know that standing above someone's head is actually considered extremely "rude"?

オレの傘がわりになってくれるのはありがたいが…
『無礼』という行為に相当するんだぜ…
人様の頭の上に立つって事はな……………
（SBR9巻「♯37 緑色の墓標 その②」）

100

Other Characters Part 7

ウェカピポ／シュガー・マウンテン／聖人／グレゴリオ・ツェペリ／ジョニィ父／ヴァレンタイン大尉

Mr. Steel, do you hear me!? I'm afraid I'll have to play a bit rough with you, and I hope you don't mind! I promise I'll save you though!

ミスター・スティールッ！ 聞こえるかッ!!?
これから相当荒っぽい事が起こるが覚悟してくれッ！
しかし必ず助けるッ!!

(SBR16巻「♯62 いともたやすく行われる えげつない行為」)

whoever：〜する人は誰でも

But whoever dares to give his 'all' will eventually get 'all' of the truth.

でも 「全て」を敢えて差し出した者が
最後には真の「全て」を得る

(SBR12巻「♯48 チューブラー・ベルズ その①」)

Don't shoot if you are unsure. Develop yourself… Then the door to the 'new path' will open again.

心が迷ったなら 撃つのはやめなさい
成長するのだ…………再び「新しい道」への扉が
開かれるだろう

(SBR15巻「♯58 シビル・ウォー その③」)

101

> A man needs a map…A map to make it through the wilderness.

男には地図が必要だ……
荒野を渡り切る心の中の地図がな
(SBR4巻「♯20 ジャイロ・ツェペリの宿命 その①」)

> The happiness of life is found within the family.

人の幸福とは
家族の中にこそあるのだ
(SBR4巻「♯20 ジャイロ・ツェペリの宿命 その①」)

be up to 人：〜次第

> In tennis, when the ball hits the corner of the net, nobody knows which side of the net the ball would fall on. That's up to 'God'.

テニスの競技中…
ネット　ギリギリにひっかかって
はじかれたボールは……
その後　ネットのどちら側に落下するのか…？
誰にもわからない
そこから先は「神」の領域だ
(SBR12巻「♯48 チューブラー・ベルズ その①」)

hillbillies(俗語)：田舎者　look down on：見下す

Having "manners", not just during meals, shows "respect" to others.
Englishmen in particular have a high regard for "table manners".
Do you want our family to be thought of as a bunch of hillbillies and be looked down on?

食事中に限らず『マナー』というのは
相手に対する『敬意』が含まれる
英国人は特に『テーブルマナー』を重んずる
おまえは我が家がアメリカの田舎者と
軽くあつかわれてもいいのか!?

(SBR10巻「♯42 サイレント・ウェイ その③」)

My son's name is "Johnny Joestar".
He made his way here by himself all the way from the tip of the west coast across the continent to New York City…

わたしの子供の名前は『ジョニィ・ジョースター』
遙かなる西海岸の端からこの大陸を渡り切って
たったひとりぼっちで
今！　この！　ニューヨークへやって来ました……………

(SBR23巻「♯91 ハイ・ヴォルテージ その②」)

'Patriotism' is the most beautiful 'virtue' in this world.

「愛国心」はこの世でもっとも美しい「徳」だ。

(SBR22巻「♯87 ボール・ブレイカー その⑤」)

103

COLUMN 2

「覚悟」を英語で言うッ！

「覚悟」とは暗闇の荒野に！！進むべき道を切り開く事だッ！

第5部で多用される「覚悟」という言葉。「真実・真理を悟る」という仏教用語だが、ピタリとはまる英語の対訳がないため非常に訳し方がむずかしい言葉だ。

それぞれ微妙にニュアンスは違うが「覚悟・覚悟する」に相当する様々な英語表現を見てみよう。

「覚悟」（名詞）	「覚悟する・がある」（動詞表現）
resolution	be resolved ／ be resolutely minded
determination	be determined
readiness	be ready
preparedness	be prepared
resignation（あきらめ・観念）	be resigned

さらに拡大解釈すれば **have the balls/guts**（「玉」・ガッツがある）など、他にも色々とあるだろう。

あなた…「覚悟して来てる人」ですよね

人を「始末」しようとするって事は逆に、「始末」されるかもしれないという危険を常に「覚悟して来ている人」ってわけですよね…

最初にこの言葉が登場するのはジョルノとブチャラティの対決のシーンだ。

You've come prepared for this, right?

これを敵意あるケンカの売り文句ととるか、ブチャラティの本質を見抜いた上で敬意を込めたセリフであると捉えるかによって選ぶ表現も変わってくるだろう。いずれにしてもこの訳文が「正しい」かどうかを判断できるのはジョルノだけだ。

Diavolo

ディアボロ

> No one would dare to threaten to take away my eternal peak of perfection…Never.

誰だろうと　わたしの永遠の絶頂を
おびやかす者は許さない
決して
（JC56巻「キング・クリムゾンの謎 その②」）

> "The flame itself would not even acknowledge the moment it goes out!"
> It's just the "result"!
> The "result" is all that lasts in this world!

『消えた炎は消えた瞬間を炎自身さえ認識しない！』
『結果』だけだ!!　この世には『結果』だけが残る!!
（JC56巻「キング・クリムゾンの謎 その③」）

> The 'pothole' that threatens me must be filled up!
> Right now! I've gotta break free from the ties of blood with her!

わたしをおびやかす「落とし穴」は
ふさがねばならないッ！
今！　この血の流れは断ち切るッ！
（JC56巻「キング・クリムゾンの謎 その③」）

> Your biggest downfall is that you tried to make a business using your "knowledge of human nature"…

人の本質を『見抜く知恵』を持ち………
それを道端での商売にさいたのは…………
おまえ自身の最大の不幸だ…………
(JC58巻「サルディニア島嵐警報!」)

> Is the world full of nothing but of idiots!? Why do you bother to come see something that you don't need to see!

この世はアホだらけなのかァ〜〜〜〜〜ッ!!
なんで見に寄って来るんだ……？ 見なくてもいいものをッ!
(JC58巻「ぼくの名はドッピオ その①」)

> "Listen, Doppio... You must overcome your fear!"
> "And now is the time... Right now! You must get through this!"
> "That's what it means to 'live'!"

『いいか　ドッピオ…………
恐怖というものは打ち砕かなくてはならないのだ!』
『それは　今なのだ…　今!
絶対に乗り越えなくてはならない!』
『それが「生きる」という事なのだッ!』
(JC59巻「プロント! 通話中 その②」)

bullshit(俗語)：直訳は牛の糞だが下記用例の他That's bullshit(そんなのクソくらえ)など

> Don't bullshit me, you piece of crap!!
> Why the hell you need to call now!!
> You wanna get busted?
> Is that what you want!?

ザケてんじゃあねーぞッ!!
なんで　こんな時に電話してくんだあああああああッ!!
バレちまってもいいのかあああ
（JC61巻「そいつの名はディアボロ　その①」）

> Humans can grow by overcoming their immature past, I should say…

人の成長は……………未熟な過去に打ち勝つことだとな…
（JC61巻「そいつの名はディアボロ　その②」）

thank god(口語)：ああ、よかった・助かった

> But thank god I now understand the real power of this 'arrow'!
> This is a "gift"! It's a 'reward' from my fate for overcoming my past!

だが　おかげで　この「矢」の真の能力を知ることができたのはッ!
『贈り物』だッ!
自分の過去を乗り越えた運命からの「貢ぎ物」だったなあああああ
（JC63巻「ディアボロ浮上　その④」）

> 'The King' is me! Diavolo!!
> That remains unchanged!

「帝王」はこのディアボロだッ!!　依然変わりなくッ!
（J63C巻「王の中の王(キング・オブ・キングス)」）

Pucci

プッチ神父

tale(s)：物語

The guy who killed Kennedy also ended his life like this……
'Lee Harvey Oswald'… That was his name if I'm not mistaken?
Dead men tell no tales.
That's why history has been settled peacefully……

ケネディを暗殺シタ犯人も……コーヤッテ人生ヲ終エタ
「リー・ハーベイ・オズワルド」ダッケ？　タシカ…
死人ニ口ナシ
ダカラ歴史ハ　丸ク治マッタ……
(SO3巻「プリズナー・オブ・ラヴ」)

Where were we？：どこまで話をしていたっけ？

Where were we? Oh, yes, about the difference between humans and animals…
It's whether one has 'the desire to go to heaven' or not, my dear.
People do…but dogs and parrots don't.

なんの話だっけ？　ああそうだ…
人と動物の違いだった…
それは「天国へ行きたい」と思う事だよ
人はそう思う…………犬やオームにその概念はない
(SO4巻「取り立て人マリリン・マンソン　その①」)

109

It's because selfless love is a kind of 'reciprocation' you need in order to go to heaven.

無償の愛とは……天国へ行くための「見返り」だからだ
(SO6巻「サヴェジ・ガーデン作戦 その⑧」)

Calm down…Count to yourself the "prime numbers" and relax… "Prime numbers" are lonely numbers that can only be divided evenly by one or by itself. They are numbers that give me courage.

落ちつくんだ…『素数』を数えて落ちつくんだ…『素数』は1と自分の数でしか割ることのできない孤独な数字……わたしに勇気を与えてくれる
(SO6巻「集中豪雨警報発令 その②」)

People lose…because of 'disgrace'. People die because of 'disgrace'.

人が敗北する原因は…「恥」のためだ
人は「恥」のために死ぬ
(SO11巻「ホワイトスネイク-追跡者 その③」)

You are the king of kings. I want to see how high you will reach, and I want to follow you.

君は王の中の王だ　君がどこへ行きつくのか？
ぼくは　それについて行きたい
(SO11巻「天国の時」)

> No one can reach me now...
> I suggest you spend the rest of your time with your family or your lover.
> You're wasting your time if you're trying to chase after me, and I'm gonna win this...

もう誰もわたしには追いつけない………
残りの日々を家族や恋人と楽しんだ方がいい
わたしを追って来ても無駄だし　わたしは勝つ……………
（SO16巻「ヘビー・ウェザー その⑬」）

bloody（俗語）：忌々しさを表す形容詞

> Not again... It's the 'Bloody Joestar' again...
> Will the 'Blood of Cujoh' get in the way of DIO's and my goals?!

だが　まさか………また
「ジョースターの血統」が…………………
「空条の血」が！
わたしとDIOの目的を妨げるというのかッ!?
（SO16巻「C-MOON その⑤」）

> The ultimate point reached by the "acceleration of time"!　The "universe" has spun around once!　It's the creation of the "New World"!　Mankind has reached an end at the 'break of dawn'!

『時の加速』により『加速』の行きつく究極の所！
『宇宙』は一巡したッ！
『新しい世界』だッ！
人類は一つの終点に到着し「夜明け」を迎えたのだッ！
（SO17巻「メイド・イン・ヘブン その⑧」）

111

Valentine

ヴァレンタイン大統領

What 'my men' are doing is called a 'strategy', Mr. Steel. It's not 'murder' that I am 'ordering'...

わたしの「部下」が行う事は……スティール君
「作戦」というのだよ
「殺人」ではない……………
わたしが下す「命令」のことはな
(SBR5巻「♯25 牙(タスク) その①」)

party/parties：ここでは「宴会」でなく「グループ・集団」

I order all unauthorized parties to stay back in the room! Don't make a single step outside until I say so!

無関係な者は部屋に引っ込んでいろォッ!!
わたしが　いいと言うまで一歩も外へ出るな―――ッ!!
(SBR9巻「♯37 緑色の墓標 その②」)

This is the crucial part... Listen to this! 'Betrayal' is the one thing I won't forgive!

重大なのは……………いいかッ!
許されないのは「裏切り者」だ!
(SBR10巻「♯40 サイレント・ウェイ その①」)

rat：ねずみ・裏切者

> Alright, I'll let you do that…if execution would help identify the 'rat'…

よし　許可しよう…………処刑する事が…………
裏切りの「正体」を知る事ならな……
(SBR12巻「♯48 チューブラー・ベルズ その①」)

> Just as I thought, this seems to be my main "goal"… "to make sure nothing unexpected happens".

やはり　わたしの最大の『目的』は　これらしい…
『こういう予期せぬ事が起こらぬようにすること』
(SBR19巻「♯74 Ｄ４Ｃ その⑦」)

> "Power"!! "Glory"!! "Happiness of life"! "Civilization" "Order" "Money"! "Food" "The heart of the people"!! They're all mine!
> The first napkin is in my hands!

『力』!!　『栄光』!!　『幸福』!　『文明』『法律』『金』!
『食糧』『民衆の心』!!
このわたしがッ!
最初のナプキンを手にしたぞッ!
(SBR20巻「♯78 Ｄ４Ｃ その⑪-ラブトレイン-」)

A 'move' to turn the tide of war...
Whoever makes a wrong 'move' becomes a loser...
Gyro, is that gonna be you...?
It's not going to be me...

戦局でいう所の…「一手」だな…
「一手」見誤った者の敗北という事か……
ジャイロ　おまえの方か…わたしの方ではないがな…………
（SBR21巻「♯83 ボール・ブレイカー その①」）

I swear on my dead father's 'handkerchief'.
Johnny Joestar… "I'll never get revenge on you."
I promise that I'll end this peacefully.

この亡き父の「ハンカチ」にかけて誓う
ジョニィ・ジョースター
『決して報復はしない』
全てを終りにすると誓おう
（SBR22巻「♯88 ブレイク・マイ・ハート ブレイク・ユア・ハート その①」）

There is not a single black mark on my heart or my actions!
"Justice" is all.

我が心と行動に一点の曇りなし…………！
全てが『正義』だ
（SBR23巻「♯89 ブレイク・マイ・ハート ブレイク・ユア・ハート その②」）

DIO

> A real winner is one who has seen 'Heaven'.
> I will get there, whatever it takes.

真の勝利者とは「天国」を見た者の事だ……………
どんな犠牲を払っても　わたしは　そこへ行く
(SO6巻「集中豪雨警報発令 その①」)

> Whoever it may be, you must acknowledge that each character can be the right person if he's set in the right place.
> Kings have their own ideal, and so do chefs… That's just part of life.

どんな者だろうと人にはそれぞれ
その個性にあった適材適所がある
王には王の……料理人には料理人の……
それが生きるという事だ
(SO7巻「看守ウエストウッドの秘密 その②」)

> Do you believe in the 'power of attraction'?
> Do you acknowledge the full meaning behind the fact that you stumbled onto me!?

君は「引力」を信じるか？
わたしに　躓いて転んだ事に意味がある事を!?
(SO15巻「ヘビー・ウェザー その③」)

Dio

uniqueは面白い(ユニーク)のニュアンスだけでなく特徴的であること

> Whatever it may be... everything has its unique individual habits, whether it's a machine or anything else.

なんであろうと……
必ずクセというものがある
それが機械であろうと物であろうと

(SBR2巻「♯6 涸れた川；ディエゴ・ブランドー」)

> It feels so good!
> I just feel so refreshed!

気分がいいッ！
なにか　すごく気分が爽快なんだッ！

(SBR6巻「♯28 スケアリー モンスターズ その①」)

> Muda! Muda!
> No living creature on earth can beat the dynamic vision of Scary Monsters!

無駄だ無駄ァァッ
　　　　「スケアリーモンスター」
地球上の生物で　恐　竜　の動体視力に
勝てる動きはない！

(SBR9巻「♯39 キャッチ・ザ・レインボー（嵐の夜に…）その②」)

> I need a 'Stand user'.
> I want a loyal 'subordinate' to assist me.
> I repeat – a 'subordinate'.

「スタンド使い」がひとり欲しい
このDioに忠実な「部下」としてだ
繰り返すぞ「部下」だ
(SBR10巻「#4 サイレント・ウェイ その①」)

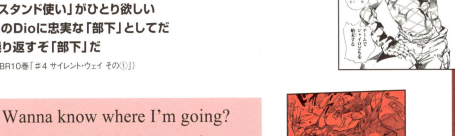

> Wanna know where I'm going?
> I'm going into the independence hall where you're standing guard at, to assassinate your boss...

どこへ行くだと？
君が見張ってる　この独立宣言庁舎の中へ
入って行くんだよ…
君のボスを暗殺しにな…………
(SBR17巻「#67 D 4 C その②」)

my fault：オレのせい

> That wasn't my fault, Johnny.
> You did it, not me.

オレの罪じゃあないからなジョニィ
殺ったのはおまえだ………
(SBR24巻「#93 ハイ・ヴォルテージ その④」)

> The battle will be settled "faster than I can stop time"!

結着は止まる時よりも『早く』着くだろうッ！
(SBR24巻「#93 ハイ・ヴォルテージ その④」)

Rivals Part 5

ブチャラティ／ポルポ／ペッシ

> This taste!
> It's a "taste" that's telling me you're lying… Giorno Giovanna!

この味は！………
ウソをついてる『味』だぜ……
ジョルノ・ジョバーナ！
（JC47巻「ブチャラティが来る その①」）

> If the most important thing in this world is "trust", the most cursed thing would be "insult".

この世で最も大切な事は『信頼』であるのなら
最も忌むべき事は『侮辱』する事と考えている
（JC49巻「ギャング入門 その⑥」）

> Now I got it, big brother Prosciutto! I can now understand by heart, not simply by 'words' about the 'heart' you've shown me!

わかったよ
プロシュート兄ィ!!
兄貴の覚悟が！
「言葉」でなく「心」で理解できた！
（JC53巻「偉大なる死 その⑧」）

ベイビィ・フェイス／ギアッチョ／セッコ／チョコラータ／スコリッピ

The pain in my heart... You're gonna pay for it, you bastard!
I'll make you pay for it with your 'shameful death'!

オレのこの心の痛みは…………この償いは　てめえッ！
てめえの「屈辱ある死」でもって支払ってもらうぜ!!
(JC54巻「ベイビィ・フェイス　その⑦」)

Firenze(伊)→Florence(英)に比べればまだまし!?

But for '*Venezia*', they use the English pronunciation, you know, like "The Merchant of Venice" or "Death in Venice".

でも「ヴェネツィア」はみんな「ベニス」って英語で呼ぶんだよォ～～～～
「ベニスの商人」とか「ベニスに死す」とかよォ──
(JC55巻「ホワイト・アルバム　その①」)

ブチャラティの肌色の悪さ(pale)にかけて、
コロシアム(コロッセオは伊語発音)とカルシウムの発音が似ているという意訳

By the way, don't you think 'Colosseum' and 'Calcium' sound similar?
Getting enough 'calcium', pal? You look 'pale'.

ところで「コロッセオ」ってさあ
「殺っせよ」オォ
って　聞こえない？　なあ～？
(JC61巻「『グリーン・デイ』と『オアシス』　その⑩」)

I believe there are "two" kinds of 'joy'.
One is the joy that you feel when despair turns into hope.
I was able to turn despair around with my experience and spirit…
I feel…so "happy" now… I really do…
And the "second" kind of joy is when you watch someone in despair!!

「幸せ」には……………
『2つの場合』があると思うんだ
ひとつは絶望が…希望に変わった時… 幸せだと感じる
自分の経験と…… 精神力で絶望を逆転したんだ…………
それって…
『幸せ』だって感じるんだよ……
今 本当に………
そして幸せだと感じる『2つ目』の状況は…!!
絶望したヤツを見おろす時だあああ────ッ!!
（JC60巻「『グリーン・ディ』と『オアシス』その⑧」）

guarantee：保証する

I can't guarantee their safety, but I hope that they are "Sleeping Slaves"… "Sleeping Slaves" who would carve out something truly meaningful when they wake up…

無事を祈ってはやれないが
彼らが『眠れる奴隷』であることを祈ろう………
目醒めることで…
何か意味のあることを切り開いて行く
『眠れる奴隷』であることを……
（JC63巻「眠れる奴隷 その⑤」）

Rivals Part 6

グェス／サンダー・マックイイーン／F・F

squeak：ねずみの鳴き声　※日本語の「チュー」というかわいいニュアンスはない

> Watch it!
> When you talk, I want you to squeak like a mouse at the end of each word.

気をつけろ！
しゃべるならチュー言葉だ
(SO1巻「グーグー・ドールズ」)

> At the very end...
> I won't be sad if can finish my life with such a lovely person.

最後の最後に……
人生の最後にこんなステキな人といっしょに
行けるならさみしくないや
(SO3巻「エルメェスのシール その⑤」)

> It means that an 'intelligent force' existed even before the big bang, and all materials and living organisms were led by this 'force', with that 'intelligence' already inside them.

つまり「知性」という力はビッグバンより先に存在していて
全ての物質や生物は「知性」に導かれ
その「知性」をすでに保有しているのだ
(SO4巻「6人いる！ その⑤」)

121

ミラション／ラング・ラングラー／スポーツ・マックス／ヴィヴァーノ・ウエストウッド

buck(s)：ドルdollar(s)の口語

A hundred bucks for not making it 100 times.

100回まで続かない方に一〇〇ドル
(SO4巻「取り立て人マリリン・マンソン その①」)

I will carve an epitaph on your white skin with a piece of glass!

てめーの白い皮膚にガラスで墓碑銘を刻み込んでやるッ!
(SO6巻「サヴェジ・ガーデン作戦 その⑦」)

be into：〜にハマっている

Can I have this flower? For some reason, lately I am really into flowers.

この花一本…いただいてもよろしいでしょうか？ 最近　なぜか急に　花が好きになりまして
(SO6巻「愛と復讐のキッス その①」)

It's beautiful... I can feel his most powerful body part by 'instinct'. I can see the wonder of battle!

美しい………こいつの最強の部分が「感覚」でわかる 闘うことの　すばらしさが　見える!
(SO7巻「看守ウエストウッドの秘密 その①」)

ケンゾー／ヨーヨーマッ／ミュッチャー・ミューラー／ボヘミアン・ラプソディー

> Do you want to get drowned again with another blow?
> You won't survive the next one...

もう一撃溺れてみるか？
次のは生還させない…………
(SO8巻「燃えよ 龍の夢(ドラゴンズ・ドリーム) その②」)

> The only way for the two of you to survive was to 'run away' from me.

お2人の唯一助かる道は…
わたしから「逃げる事」だけだったのですよ
(SO10巻「F・F-目撃者 その①」)

> 'Cause you'll realize that whatever you do would be 'useless', no matter how much you try.

自分は何をやっても「無駄」だということを……
くり返し　くり返し　体験し
それは身にしみて理解できるわけだからな………
(SO11巻「JAIL HOUSE LOCK!(ジェイル ハウス ロック) その③」)

> Every child in the world is on my side!

世界中の子供は
ぼくの味方なんだゾォ────ッ
(SO12巻「自由人の狂想曲(ボヘミアン・ラプソディー) その③」)

Rivals Part 7

サンドマン／ポコロコ／ミセス・ロビンスン／L.A.／オエコモバ／ポーク・パイ・ハット小僧／ブラックモア

> There's a theory that in order to protect ourselves from 'enemies', we must understand their culture.

敵から身を守るには「敵」の文化を良く
知らなくちゃあならないって考え方だってあるんだ
(SBR1巻「♯1 スティール・ボール・ラン 記者会見」)

> Take it easy, baby!
> YO-YO-YOHHH!
> I'm the one lucky guy out of five billion!

あせんなよ!
YO─YO─YOHHH──ッ
オレは50億分の1のラッキー・ガイだぜ!!
(SBR2巻「♯9 長い長い下り坂」)

> There's a village in the desert where they fight to the death. They would tie up the body of the loser to a cactus with a chain, and wait until the guy is 'dead'... Cactus would 'curse' the dead.

ある砂漠の村ではもめ事で殺し合いが起こった時……
敗者をサボテンに鎖でくくりつけてわざと「死ぬ」のを待つ……
サボテンは死人に「呪い」をかける
(SBR3巻「♯14 アリゾナ砂漠越え 最短ルートを進め」)

> Whaaaaaat!?
> Well, it looks like I can...
> but I'm not that confident…

え〜〜〜!?
出来るような…自信ないような
(SBR4巻「#19 悪魔の手のひら その②」)

make the situation worse：状況を悪化させる

> That's just like a guy who's burdened with debt making the situation worse by borrowing money from the 'black market'. It means it's hopeless!

それってよォォ　借金でクビがまわらないヤツが
「闇金融」からカネ借りちゃったのと
同じ事よ　もうどーしよーもないって事!
(SBR4巻「#22 遠い国から来たテロリスト その①」)

> I lost three teeth!
> Three of my teeth are broken!!!!

3本だぁぁあああ————
オイラの歯が3本折れちまってるよォォォォォ————
(SBR5巻「#26 牙(タスク) その②」)

> People have a 'mission'...
> A great 'mission' that transcends beyond insignificant 'human life'!

人には「使命」がある…………
肉体的な小さき「命」なぞ超越した大いなる「使命」が!!
(SBR9巻「#39 キャッチ・ザ・レインボー(嵐の夜に…) その②」)

125

大統領の部下／殺し屋／マイク・O／財務官僚の息子／ディ・ス・コ

What an arrogant guy…
But well…you got it.
We got the 'permission'.
In fact, he is on standby right now
ready to carry out the original plan
of getting rid of you.

傲慢な性格だ…
…だが…いいだろう…………
「許可」が出た
実は今…君を始末する為に待機させておいたんだ
（SBR10巻「♯40 サイレント・ウェイ その①」）

deed：権利書

Hey, you. Besides this 60 million,
you promised that you'd also hand over
the deeds for the land and the building.
Where are those documents?
You're gonna have to change the
property owner's name over to
my name as well!

おい
兄ちゃんよォ〜〜〜〜
この6000万の他に
土地とかビルの権利書もつけるって約束したよな？
書類はどこにある？
名義もオレのに換えてもらうからなッ！
（SBR12巻「♯47 約束の地 シュガー・マウンテン その③」）

I'm the President's bodyguard, and you
disgraced me...
It's a world that's totally unacceptable...
I'll get you, and I'm gonna torture you...

大統領護衛警備のわたしの顔にドロをぬった世界だ……
許される世界ではない…
じっくりと捕えて　拷問してやる……
(SBR13巻「#50 チューブラー・ベルズ その③」)

The "Steel Ball"! What else!
The 'Steel Ball' that we inherited
from our ancestors!
That's the way we do it!

当然！『鉄球』だッ！
祖先から受け継ぐ「鉄球」ッ！　それが流儀イィッ！
(SBR13巻「#51 壊れゆく鉄球 レッキング・ボール その①」)

Nothing more than that...
I've got nothing left to say about my
explanation to you...

他にはない…
オレのセリフは終わり……
君に解説してやる事柄はな……
(SBR17巻「#66 D 4 C その①」)

荒木飛呂彦

1960年6月7日宮城県生まれ。1980年、『週刊少年ジャンプ』(集英社)にて『武装ポーカー』でデビュー。その後『バオー来訪者』を経て、1987年『ジョジョの奇妙な冒険』を連載開始。2011年より第8部に相当する『ジョジョリオン』を『ウルトラジャンプ』にて連載中。

マーティ・フリードマン

アメリカ・ワシントンD.C.出身。
2004年に活動の拠点をアメリカから日本・東京へと移す。現在、ギタリスト・作曲家・プロデューサーだけに留まらず、テレビ・ラジオ・CM・映画などマルチアーティストとして活動している。著書『『ジョジョの奇妙な冒険』で英語を学ぶッ!』(集英社)など。

北浦尚彦

1972年東京生まれ。上智大学外国語学部卒。英語講師、国際コンベンションコーディネーターなどを経て、現在は外国政府系の貿易関係機関に勤務する傍ら英語学習書の執筆を行う。
著書『『ジョジョの奇妙な冒険』で英語を学ぶッ!』(集英社)など。

『ジョジョの奇妙な冒険』で英語をもっと学ぶッ!!

2016年8月31日 第1刷発行
2021年12月13日 第4刷発行

原　作　荒木飛呂彦
監　修　マーティ・フリードマン
訳・文　北浦尚彦

発行者　樋口尚也
発行所　株式会社 集英社
　　　　〒101-8050　東京都千代田区一ツ橋2丁目5番10号
　　　　電話　03(3230)6141[編集部]
　　　　　　　03(3230)6080[読者係]
　　　　　　　03(3230)6393[販売部・書店専用]

印刷所　凸版印刷株式会社
製本所　加藤製本株式会社

定価はカバーに表示してあります。

造本には十分注意しておりますが、乱丁・落丁(本のページ順序の間違いや抜け落ち)の場合はお取替えいたします。購入された書店名を明記して、小社読者係宛にお送り下さい。送料は小社負担でお取替えします。但し、古書店で購入したものについてはお取替え出来ません。本書の一部あるいは全部を無断で複写、複製することは、法律で認められた場合を除き、著作権の侵害となります。また、業者など、読者本人以外による本書のデジタル化は、いかなる場合でも一切認められませんのでご注意下さい。

©LUCKY LAND COMMUNICATIONS／Marty Friedman／Naohiko Kitaura 2016. Printed in Japan
ISBN978-4-08-786068-9 C0095